rökuls
Wannaggen
Kinten
Saugen
Ramutten
(Tennetal)

0 5 10   20   30   40   50 km

Heydekrug
Werden
Schillwen
Ruß
Wieszen
(Wiedenheide)
Coadjuthen
Paleiten
Nattkischken
Schakuhnen
(Schakendorf)
Rucken
Laugszargen
Karkeln
Plaschken
Piktupönen
gken
Kaukehmen
Skören
Pogegen
Willkischken
enau)
(Kuckerneese)
Schmalleningken
Pokraken
Szugken
Wischwill
(Elch-) Niederung
(Weidenau)
Alt Lappienen
Tilsit
(Rauterskirch)
Neukirch
Gr. Lenkeningken
(Großlenkenau)
Trappönen
(Trappen)
Seckenburg
Ragnit
Heinrichswalde
Neu Argeningken
Wedereitischken
(Sandkirch)
Gr. Friedrichsdorf
(Argenbrück)
Lasdehnen
Lauknen
Tilsit - Ragnit
(Haselberg)
(Hohenbruch)
Jurgaitschen
Budwethen
Schillehnen
(Königskirch)
(Altenkirch)
(Schillfelde)
Alt Sussemilken
Gr. Skaisgirren
Gowarten
Lengwethen
(Friedrichsrode)
(Kreuzingen)
Schillen
(Hohensalzburg)
Rautenberg
Groß Schorellen
Mehlauken
(Adlerswalde)
Gr. Baum
(Liebenfelde)
Kraupischken
Willuhnen
(Breitenstein)
Pillkallen
Aulowönen
(Schloßberg)
Schirwindt
Popelken
(Aulenbach)
Budupönen
Kussen
(Markthausen)
(Grünheide)
Gr. Warningken
Neunischken
Pelleningken
Mallwischken
(Steinkirch)
Gr. Schirrau
(Neunassau)
(Strigen-
(Mallwen)
Bilderweitschken
Gr. Berschkallen
grund)
Kattenau
(Bilderweiten)
(Birken)
Niebudschen
Stallupönen
Plibischken
Saalau
Georgen-
Gerwischkehmen
(Herzogskirch)
(Ebenrode)
sdorf
burg
(Gerwen)
Eydtkuhnen
(Eydtkau)
Insterburg
Göritten
Puschdorf
Norkitten
Gumbinnen
Schirgupönen
Ischdaggen
(Amtshagen)
Enzuhnen
Obehlischken
Didlacken
(Branden)
(Rodebach)
Pillupönen
(Schulzenhof)
(Dittlacken)
Judtschen
Soginten
(Schloßbach)
(Kanthausen)
Nemmersdorf
Jodlauken
Sodehnen
Walterkehmen
Kassuben
(Schwalbental)
(Gr. Waltersdorf)
Tollming-
Muldszen
kehmen
(Mulden)
Ballethen
Mehlkehmen
(Tollmingen)
(Birkenmühle)
Trempen
Darkehmen
Wilhelmsberg
Gr. Rominten
Klein Gnie
(Angerapp)
(Hardteck)
Gawaiten
Gerdauen
Gr. Karpowen
Kleschowen
(Herzogsrode)
(Karpauen)
(Kleschauen)
Schittkehmen
Nordenburg
(Wehrkirchen)
omehmen
Assaunen
Eiben- burg
Gr. Schabienen
Goldap
Dubeningken
Molteinen
(Lautersee)
(Dubeningen)
garben
Kanitz
Gahlen
Buddern
Gurnen
Engelstein
Barten
Drengfurth
Benkheim
Grabowen
r. Wolfsdorf
Angerburg
(Arnswald)
Kutten
Merunen

Anatolij Bachtin · Gerhard Doliesen

Vergessene Kultur
Kirchen in Nord-Ostpreußen

Eine Dokumentation

Husum

Herausgegeben von der Ost-Akademie Lüneburg

Umschlagbilder: Evangelische Pfarrkirche Schaaken, Landkreis Königsberg (vorne),
                 Ordenskirche von Kumehnen, Landkreis Fischhausen (hinten)

Die Deutsche Bibliothek – CIP-Einheitsaufnahme

Vergessene Kultur: Kirchen in Nord-Ostpreußen ; eine Dokumentation / Anatolij Bachtin ;
Gerhard Doliesen. – Husum : Husum, 1998
   ISBN 3-88042-849-2

Satz, Lithographie und graphische Gestaltung: Art Service Chr. Kleinfeld, Lauenburg/Elbe
Druck und Verarbeitung: Husum Druck- und Verlagsgesellschaft, Husum
ISBN 3-88042-849-2

Vorwort

Es ist kein Zufall, daß die Ost-Akademie Lüneburg heute diese Publikation der deutschen Öffentlichkeit vorlegt. Ostpreußen gehört seit jeher zu jenen östlichen Regionen, denen die besondere Aufmerksamkeit des Hauses gilt. Dabei interessiert neben der Vergangenheit des Gebiets stets die Gegenwart und ihre Entwicklung. Die Umwälzungen in Osteuropa und Rußland, und damit auch in Russisch Ostpreußen, machten es möglich, daß die Akademie gemeinsam mit einem Russen aus Königsberg, mit Anatolij Bachtin, die Wanderausstellung „Vergessene Kultur – Kirchen in Nord-Ostpreußen" verwirklichen konnte, die seit Mitte 1997 in verschiedenen deutschen Städten gezeigt wird. Das vorliegende Buch ist einerseits als Katalog zu dieser Ausstellung zu sehen, es stellt andererseits aber eine selbständige Publikation dar.

Nach Meinung deutscher wie russischer Kenner der Situation ist die Zeit reif für eine solche problemorientierte Ausstellung, die offen den Zustand der Kirchenbauten Nord-Ostpreußens erörtert. Die Ausstellung, die dem Blick Anatolij Bachtins folgt, beleuchtet zugleich das Schicksal des historischen und kulturellen Erbes des Landes in der Nachkriegszeit. Sie belegt eindrucksvoll das Engagement eines heutigen russischen Bürgers für die Erhaltung der Kulturdenkmäler dieser Region.

Die Ost-Akademie hat vielen zu danken, die zum Gelingen des Projekts beitrugen, in erster Linie Anatolij Bachtin für die vertrauensvolle Zusammenarbeit und die große Mühe, die er bei der Komplettierung und Aktualisierung der Fotos und Texte auf sich nahm. Für die Mitarbeit an der Ausstellung ist namentlich zu danken: Ute Iserloh, die das historische Bild- und Textmaterial ermittelte und sichtete, Dr. Renate Schneider, die Anatolij Bachtins Texte aus dem Russischen übersetzte, dem Bibliothekar der Ost-Akademie Dipl.-Bibl. Erwin-Egon Habisch, der sämtliche Korrekturen mittrug und entscheidende Gestaltungshinweise gab, aber auch den übrigen wissenschaftlichen und nichtwissenschaftlichen Mitarbeitern der Akademie, die Texte redigierten, korrigierten und mit dem Computer erfaßten. Christian Kleinfeld, Lauenburg, erledigte ideenreich und mit großer Sorgfalt die umfangreichen grafischen Arbeiten bis hin zu den fertigen Ausstellungstafeln und Druckvorlagen.

Unser herzlicher Dank gilt allen Personen und Einrichtungen, insbesondere den ostpreußischen Heimatkreisgemeinschaften und Vereinen, sowie Archiven und Bibliotheken, die uns mit Bildmaterial und Informationen wertvolle Hilfestellung leisteten.

Das Bundesministerium des Innern griff die Initiative der Ost-Akademie dankenswerterweise auf und finanzierte die Erarbeitung der Wanderausstellung.

Das Erscheinen dieses Buches wäre nicht möglich ohne die großzügige Finanzierung durch die Marga und Kurt Möllgard-Stiftung im Stifterverband der Deutschen Wissenschaft e.V., Essen. Hierfür sind wir Dr. h.c. Klaus H. Roquette, dem Vorsitzenden des Kuratoriums, außerordentlich dankbar.

Dr. Gerhard Doliesen entwickelte die Idee der Ausstellung und auch dieser Publikation. Alle Schwierigkeiten, die auf dem Wege bis zur Eröffnung der Ausstellung und bis zum Erscheinen dieses Buches lagen, bewältigte er mit unermüdlichem Einsatz. Zielstrebig und kompetent tat er das jeweils Notwendige, und verstand es, die vielen genannten und ungenannten Mitarbeiter/-innen und Helfer/-innen für das Vorhaben zu gewinnen und zusammenzuhalten. Die Ost-Akademie weiß sich ihm zu großem Dank verpflichtet.

Dr. Bernhard Schalhorn
Direktor der Ost-Akademie

Inhaltsverzeichnis

Dokumentation:

Vergessene Kultur:
Kirchen in Nord-Ostpreußen

Ostpreußen ist ein Land, das sich im Laufe des letzten halben Jahrhunderts zunächst langsam, dann in rasantem Tempo von uns entfernt hat. Die erste Etappe dieses Vorgangs war allerdings kein Sichentfernen des Landes, sondern eine Entfernung der Menschen *aus* ihrem Lande: die Vertreibung der Ostpreußen. Im nördlichen Ostpreußen, von dem hier die Rede sein soll, geschah dies in den Jahren 1945 bis 1948. Dann verschwand das Land hinter dem Eisernen Vorhang, und zwar hinter einem zweifachen Vorhang, dem allgemeinen des gesamten sowjetisch beherrschten Ostblocks und dem speziellen des russischen Sperrgebiets Kaliningrad.

In den ersten Jahrzehnten nach dem Ende des Zweiten Weltkriegs, als das isolierte Land in eine weite Ferne rückte, gab es noch genügend Menschen unter uns, die aus der östlichsten Ecke Deutschlands stammten, die durch ihre Mundart, ihre bisweilen merkwürdig klingenden Geburts- und Herkunftsorte wie Kaukehmen oder Groß Skaisgirren, durch ihre Erzählungen über das Alltagsleben, die Sommer und Winter in der alten Heimat das Bewußtsein wachhielten, daß das Land Ostpreußen einst ein Teil Deutschlands war, daß dessen Geschichte und Kultur nicht wegzudenkende Bestandteile der gesamten deutschen Geschichte und Kultur waren. Menschen aus dem Westen, der Mitte oder dem Süden Deutschlands hatten Königsberg, die Kurische Nehrung, den Elchwald oder Preußisch Litauen vor dem Kriege als Sommerfrischler oder während des Krieges als Evakuierte oder Soldaten noch kennengelernt. Das meiste war ihnen vertraut, manches war anders. Doch Unterschiede gab es früher überall zwischen den verschiedenen Landschaften und ihren Bewohnern. Die Gastfreundschaft ihrer östlichen Landsleute, die reizvollen Landschaften und Begebenheiten blieben im Gedächtnis zurück.

Heute ist die Situation eine deutlich andere. Die Generation, die Ostpreußen noch kannte, ist zusammengeschmolzen. In den nachgewachsenen Generationen ging das Wissen radikal zurück, wofür es eine ganze Reihe von Gründen gibt, einleuchtende und verständliche, doch auch solche, die mit dem spezifischen Verdrängungsmechanismus der Nachkriegsdeutschen zu tun haben. Weil man an der Geschichte des Dritten Reiches leidet, glaubt man, sich und anderen jegliche Beschäftigung mit dem alten Ostdeutschland versagen zu müssen. Die extreme Position lautet: Da Ostpreußen nicht mehr deutsch ist, soll man sich auch nicht mehr mit ihm befassen (d. h. soll man so tun, als ob es das auch nie gewesen wäre). Es könnte nur mißverstanden werden. Sichtbar wird hier die Unfähigkeit, den Spannungsbogen der deutschen Geschichte auszuhalten, sich verantwortungsbewußt dem einen wie dem anderen Problem zu stellen. Die Geschichte wird vorsichtshalber gleich „entsorgt"; das Kind wird mit dem Bade ausgeschüttet. Einstellungen und Tabus dieser Art tragen in starkem Maße dazu bei, daß die heute lebende mittlere und jüngere Generation der Deutschen sich weit von allem Östlichen entfernt hat. Der alte „Osten" in uns ist verdrängt und vergessen – und mit ihm auch die Kirchen Russisch Ostpreußens.

Es war im Januar 1992, als der Russe Anatolij Bachtin im Rahmen einer Seminarveranstaltung Lüneburg und Deutschland überhaupt zum erstenmal besuchte. Wie auch andere russische Gäste der Ost-Akademie aus Königsberg wollte er nicht mit leeren Händen kommen. In seinem Gepäck befanden sich Fotografien, die die deutsche Öffentlichkeit bis dahin noch nicht gesehen hatte. Bachtin, Fotograf und Bildarchivar im Gebietsstaatsarchiv Kaliningrad, hatte zum Beispiel aus sowjetischen Armeewochenschauen Bilder herauskopiert und vergrößert, die Einzelheiten aus dem eroberten Königsberg im April 1945 brachten: russische Soldaten und deutsche Zivilisten, Straßenzüge und Plätze, Häuser, Kirchen, Brücken und vieles mehr. Weitere Fotos aus den fünfziger Jahren zeigten ebenfalls Königsberg in Ruinen. Rasch konnte man verstehen, worum es Bachtin ging. Er wollte deutlich machen, daß die Stadt am Pregel, die durch die britischen Bombardierungen im August 1944 und den sowjetischen Angriff im April 1945 sehr schwere Wunden davongetragen hatte, noch hätte wiederaufgebaut werden können. Jedes Bild zeugte noch von unglaublich viel erhaltener Bausubstanz des alten Königsberg.

Königsberg wurde am 9. April 1945 von der Roten Armee (im Anschluß an die Befreiung des eigenen Landes von deutschen Truppen) erobert und besetzt und noch im selben Jahr mit dem nördlichen Teil Ostpreußens von der Sowjetunion annektiert. 1946 folgte der Anschluß des Königsberger Gebietes an die Russische Föderation und die Umbenennung der bis Kriegsende östlichsten deutschen Großstadt in Kaliningrad. In den Jahren 1947/48 schaffte man die übriggebliebene deutsche Bevölkerung aus ihrer russisch besetzten Heimat fort oder, so der damalige beschönigende Sprachgebrauch, siedelte sie um.

In das menschenleere Land lenkten die sowjetischen Politiker neue Siedler, teils mit Versprechungen, teils mit Druck. Es waren überwiegend bettelarme Männer, Frauen und Kinder aus Dörfern in Rußland, nicht selten auch aus Gebieten, die durch Kriegshandlungen zerstört waren. Hinzu kamen Personen, die sich schnelle Beute aneignen wollten, und vor allem Soldaten der zahlreichen hier stationierten Einheiten. Allen gemeinsam war, daß sie keinerlei Beziehung zur vorgefundenen Kultur hatten und nichts über die weit zurückreichende Geschichte Ostpreußens wußten. Die Erfahrung des Krieges mit den Deutschen und die offiziell betriebene Haßpropaganda gegen alles Deutsche bewirkten, daß Ostpreußen für sie ein Land war, das es nicht zu achten und zu pflegen galt.

Im russisch gewordenen Königsberg wurde Anatolij Bachtin 1949 geboren. Trotz der russischen Ortsnamen waren Städte und Dörfer jedoch noch durch und durch deutsch, allerdings ohne ihre früheren Einwohner. Anatolij Bachtin erinnert sich: *„Ich war vielleicht vier, fünf Jahre alt, hatte kaum zu begreifen begonnen, da wußte ich schon, daß ich in Ponarth lebte. Das ist die alte Bezeichnung dieses Königsberger Stadtteils."* Wie die anderen Kinder seiner Altersgruppe lebte er in einem deutschen Haus, hatte deutsche Gegenstände um sich, sah deutsche Aufschriften. Die russischen Kinder spielten, wie damals auch anderswo in Europa, in Ruinen und verwahrlosten Gärten, stießen hier jedoch ständig auf Spuren der früheren Hausherren. Die Eltern erzählten von Rußland, von zu Hause. Die Gefühle gegenüber den nicht mehr vorhandenen Deutschen waren zwiespältig. Einerseits sah man in ihnen die gefürchteten Feinde von gestern, andererseits diejenigen, die so erstaunlich praktische, nützliche oder schöne Dinge geschaffen und hinterlassen hatten. Das Interesse des russischen Jungen an den deutschen Kirchen entstand in diesen Jahren: *„Vor allem die langen, hohen Turmspitzen der Kirchen haben mir sehr gefallen. Wenn ich irgendwohin in die Stadt ging - Königsberg lag damals noch in Ruinen und man konnte sich nur schwer zurechtfinden -, orientierte ich mich immer an den Kirchtürmen. Das ist*

bis heute meine Angewohnheit geblieben." Die Bilder von Königsberg, die Anatolij Bachtin nach Lüneburg mitbrachte, waren die Bilder seiner Kindheit.

Bachtin besuchte in Königsberg die Schule (1955-1965) und lernte in dieser Zeit durch Ferienaufenthalte und bei Ausflügen auch andere Orte im Gebiet kennen. Bei einer Reise zur Großmutter nach Woronesch in Zentralrußland – er war schon etwas größer – wurde ihm zum ersten Mal bewußt, *„daß sich Russen in Rußland und bei uns in Preußen sehr voneinander unterscheiden. Die Russen dort haben Wurzeln, sind herzlicher und weniger verschlossen".* Nach dem dreijährigen Armeedienst (1968-1970) kehrte Bachtin wieder in die ihm vertraute Stadt zurück, in der sich große Veränderungen vollzogen: Dem sogenannten sozialistischen Aufbau Kaliningrads, d. h. der Errichtung großer Neubauten und breiter Straßenzüge, opferte man die Reste Königsbergs. Auch Kirchen wurden dabei abgerissen, so im Jahre 1976 die noch gut erhaltene Lutherkirche. Dies war die Zeit, in der Bachtin zwar in Königsberg lebte, gleichzeitig jedoch auch viel herumkam. Er studierte Malerei an der Kunsthochschule in Moskau und lernte bei seiner Tätigkeit als Matrose auf einem Schleppdampfer zwischen Königsberg und anderen sowjetischen Ostseehäfen Städte mit einer weitgehend intakten historischen Substanz und altansässigen Einwohnern kennen: Riga, Reval (Tallinn) und Leningrad/Sankt Petersburg.

Wie nicht wenige Angehörige der zweiten russischen Generation in Ostpreußen begann sich Anatolij Bachtin näher für ostpreußische Geschichte und Kultur zu interessieren. Vor allem wollte er wissen, wer die Menschen waren, die vor ihm in diesem Lande gelebt hatten. Sein wacher Sinn für derartige Fragen führte ihn in engen Kontakt mit Gleichgesinnten, die ebenfalls auf der Suche nach Informationen waren und sich bemühten, den von oben verhängten Nebel an Manipulation und Geschichtsfälschung zu durchdringen. Man beschaffte sich mit großer Mühe die so rare deutsche Literatur und organisierte gemeinsam die Übersetzung von deutschen kultur- und kunstgeschichtlichen Standardwerken sowie deren hand- und maschinenschriftliche Weiterverbreitung.

Der beschleunigte, großflächige „Wiederaufbau" der Stadt, der in Wirklichkeit oftmals Zerstörung bedeutete, beunruhigte Bachtin. *„Ende der siebziger Jahre kam mir der Gedanke, ich müßte versuchen, das, was noch da ist, auf Fotos festzuhalten. Ich lief durch die Stadt und fotografierte einfach alles. Kirchen, Skulpturen, Reliefs an Häusern usw."* Er fotografierte die Kirchen nicht nur, sondern sammelte auch Informationen über ihre Geschichte, Bauweise und Innenausstattung.

Bachtin erlernte, da Maler nur mit Propagandaplakatkunst Geld verdienen konnten, nach Gelegenheitsarbeiten als Heizer und Wächter in den Jahren 1982/83 einen zweiten Beruf, nun den des Fotografen. Seit 1984 ist er Mitarbeiter des Gebietsstaatsarchivs und seit einigen Jahren Leiter des Fotolabors und der Abteilung für die Konservierung von Dokumenten.

Anatolij Pawlowitsch Bachtin

In seiner Freizeit begann er noch in der ersten Hälfte der achtziger Jahre seinen Blick auch auf die Kirchen außerhalb Königsbergs zu richten und unternahm Ausflüge mit dem Fahrrad dorthin. Bald ging er dazu über, die Kirchen ganz Nord-Ostpreußens zu erforschen. Hierfür besorgte er sich alte deutsche Karten und ein Moped. Vor Ort drängten sich dem Fotografen und Archivar viele Fragen auf, nun jedoch zur Nachkriegsgeschichte der Kirchen. Rasch begriff er es als seine Aufgabe, seine Forschungen auf die Zeit nach 1945 auszudehnen, ja geradezu auf diese Zeit zu konzentrieren. Bachtin, der nach und nach die Kirchen der alten Provinz aufsuchte, ging bei der Klärung ihres Nachkriegsschicksals mit der Zeit immer systematischer vor. Dies war notwendig, weil er beim Besuch der Bau-

ten zwar ihren aktuellen Zustand feststellen und fotografisch dokumentieren konnte, aber keine Antworten auf die meisten Fragen fand. Auch bei der Durchsicht der entsprechenden Akten des zentralen Gebietsstaatsarchivs, an seiner Arbeitsstelle also, gab es nur sehr selten irgendwelche Informationen über das, was mit den Kirchen nach dem Zweiten Weltkrieg geschehen war. Abgesehen von den Königsberger Kirchen, über die etwas mehr Angaben vorlagen, waren nur neun der etwa zweihundert außerhalb der Gebietshauptstadt gelegenen Kirchen in Dokumenten erwähnt.

In dieser Situation blieb ihm nur ein Vorgehen übrig, das er bereits eher zufällig hier und da praktiziert hatte, wenn er sich mit Einwohnern der Orte, in denen es einmal Kirchen gegeben hatte, unterhielt. Diese Menschen wußten nämlich durchaus konkrete Dinge aus der Geschichte des Dorfes und bisweilen auch über den Umgang mit der Kirche zu erzählen. Diesen Weg der Informationsgewinnung mußte er nun intensivieren und verbessern. Er beschreibt das so: *„Nach der Ankunft fotografierte ich die Kirche beziehungsweise das, was von ihr übriggeblieben ist, von allen Seiten, nach Möglichkeit auch das Innere. Anschließend ging ich durchs Dorf und suchte nach Menschen, die zu den ersten russischen Ansiedlern gehörten, fast immer alte Leute. Von diesen ersten Einwohnern, die frühestens 1947, in der Regel jedoch einige Jahre später in das Dorf gekommen waren, ließ ich mir berichten, was sie über die Kirche wußten. Meine Standardfragen lauteten: Wie war der Zustand des Kirchengebäudes unmittelbar nach dem Krieg? Wie wurde die Kirche seit 1945 genutzt? Falls die Kirche zerstört ist: Warum wurde die Kirche zerstört? Wie und in welchem Jahr wurde sie zerstört?"*

Anatolij Bachtin, der die Kirchen immer wieder fotografierte und immer wieder Gespräche in den Dörfern führte, die Aussagen protokollierte, miteinander verglich und kritisch abwog, erhielt auf diese Weise allmählich ein wohl weitgehend zutreffendes Bild des Geschehens. Bachtin schuf unter Stützung auf die von ihm praktizierte „mündliche Geschichte" Ersatzquellen, welche ihm die Erforschung der Nachkriegsgeschichte der Kirchen Nord-Ostpreußens ermöglichten. Er griff damit zu einer modernen sozialwissenschaftlichen Forschungsmethode, seit dem Beginn der achtziger Jahre unter dem Namen „oral history" mittlerweile fast klassisch geworden, mit deren Hilfe historisch Interessierte, ohne auf die Fachhistoriker zu warten, sie umtreibende Themen und Fragestellungen sinnvoll bearbeiten.

Einer Schwäche seiner Methode ist er sich durchaus bewußt, wenn er meint, daß seine Gesprächspartner die von ihnen geschilderten Ereignisse oft nicht mehr genau datieren könnten. Abweichungen von drei bis fünf Jahren hält er in manchen Fällen ohne weiteres für möglich. Bachtin hat bei seiner Recherchearbeit hinzugelernt und weiß, daß es riskant ist, sich nur auf die Aussagen einer einzigen Person zu stützen. Ein besonderes Problem sind Aussagen über die ersten Nachkriegsjahre. Russen, selbst die allerersten Ansiedler, können sich hier bisweilen deutlich irren. Gerüchte und Vermutungen ersetzen dann unter Umständen genaues Wissen, das einfach niemand haben kann. So muß etwa eine bei der Ankunft der ersten Ansiedler bereits beschädigte Kirche keineswegs während der Kampfhandlungen Schaden genommen haben. Denn praktisch alle deutschen Einwohner Ostpreußens, die noch bis 1948 im Lande lebten, berichteten, im Westen angelangt, von Zerstörungen und Verwüstungen durch die Besatzungsmacht erst nach Kriegsende. Hier werden Hinweise von Lesern der vorliegenden Dokumentation wahrscheinlich zu Korrekturen führen.

Bachtin in der Ruine der Kirche von Almenhausen
(Kreis Preußisch Eylau)

Über das Schicksal mancher Kirchen konnte Bachtin trotz aller Bemühungen nichts oder fast nichts ermitteln. Dies war vor allem dann der Fall, wenn das gesamte Dorf abgerissen war oder wenn sich keine Personen mehr finden ließen, die schon sehr lange im Dorf lebten. Völlig vom Erdboden verschwunden sind zum Beispiel die Dörfer Groß Warningken (Steinkirchen) und Willuhnen im Kreis Pillkallen (Schloßberg). Jahrelang konnte der Archivar nicht einmal die Stellen ausfindig machen, an denen sich diese Dörfer einst befanden. Im Falle Willuhnens kam hinzu, daß die gesamte Gegend

auf einem Truppenübungsplatz lag und somit absolut unzugänglich war. Es ist klar, daß es hier keinerlei Auskunftspersonen geben konnte. Auch Fotos konnte Bachtin erst 1997 machen, als er mit gutem Kartenmaterial und Kompaß noch einmal eine Expedition dorthin unternahm.

Bachtin fotografiert ein Portal der Kirche von Almenhausen
(vgl. Seite 206)

Eine andere Schwierigkeit bestand stets darin, die in der Grenzzone zu Polen gelegenen Kirchen zu besuchen, z. B. in Schönbruch, Kreis Bartenstein, oder in Deutsch Thierau, Kreis Heiligenbeil. Hier benötigte Bachtin die Erlaubnis des Stabes der Grenztruppen in Königsberg. Er wurde dann von Grenzsoldaten durch alle Stacheldrahtzäune und Kontrollen zu diesen Kirchen begleitet. Die Genehmigung erhielt er als Mitarbeiter des Archivs in der Regel ohne Probleme.

Bachtin gelangt zu dem schockierenden Ergebnis, daß die allermeisten Kirchen nicht durch Kriegseinwirkungen zerstört wurden, sondern erst in der Nachkriegszeit bewußter Zerstörung, Vandalismus und Vernachlässigung zum Opfer fielen. Sie wurden im Frieden zerstört, und zwar in allen Jahrzehnten seit dem Ende des Zweiten Weltkriegs bis in die allerjüngste Gegenwart hinein. Bachtin korrigiert auch einen anderen weit verbreiteten Irrtum: Es

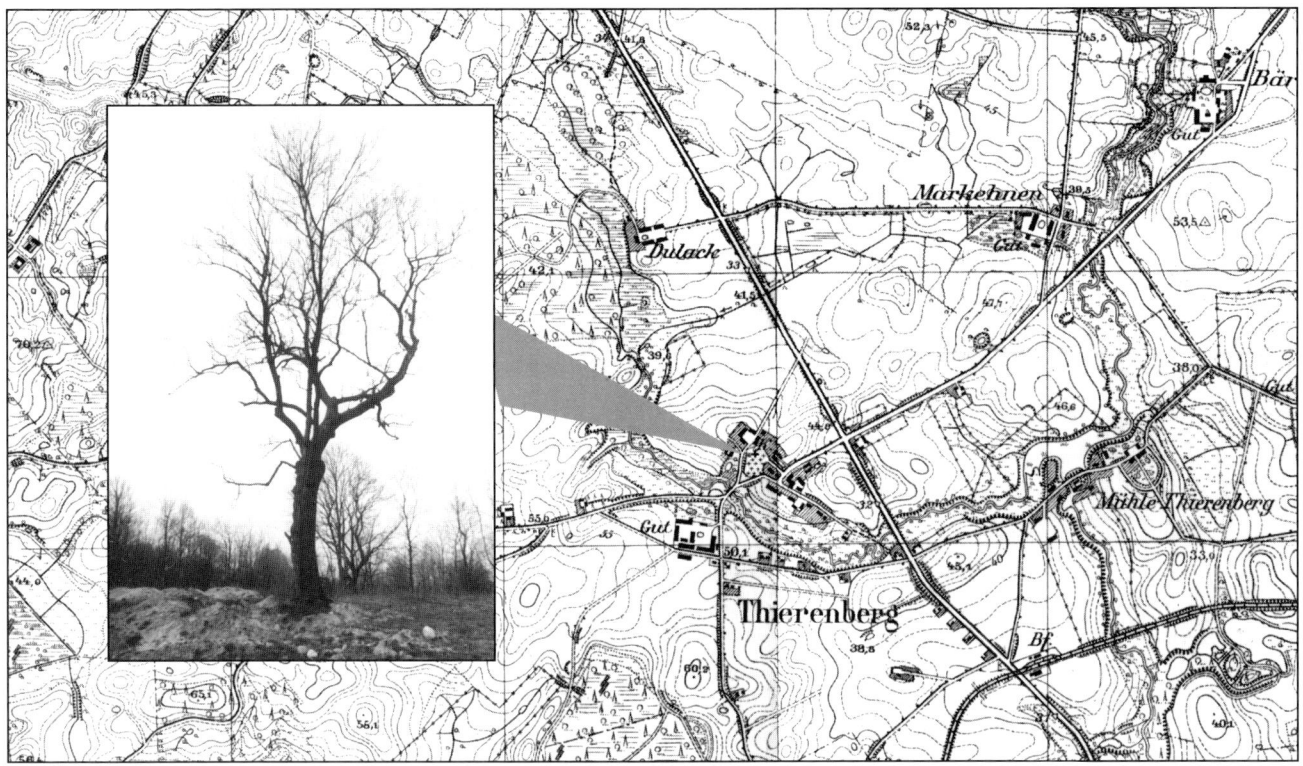

Die Lokalisierung von Thierenberg, Kreis Fischhausen, war schwierig und nur mit Hilfe eines Meßtischblattes möglich (vgl. Seite 72).

war nicht so sehr das sowjetische Militär, das Kirchen zerstörte, sondern die ins Land gekommene Zivilbevölkerung. Im Einvernehmen, mindestens jedoch mit Duldung der Behörden dieser Exklave der Russischen Föderation, ruinierten Kolchosen, andere Betriebe, Gemeinden oder Einzelpersonen die sakralen Bauwerke. Dies geschah in Etappen. Wurde das Gebäude zunächst noch als Getreidelager oder Kuhstall genutzt, *„geschah dann das Übliche"* (A. Bachtin). Schließlich, manchmal schon nach wenigen Jahren, manchmal erst nach Jahrzehnten, lag die Kirche am Boden, diente als Steinbruch. Bis heute werden mit den Feld- und Ziegelsteinen alter ostpreußischer Kirchen Kuhställe, Schuppen und Garagen gebaut oder Löcher auf Wegen zugeschüttet.

Als die Verantwortlichen für Zerstörungen tauchen immer wieder die Kolchosvorsitzenden auf, im ländlichen Raum bis vor kurzem die unumschränkten Herrscher in ihrem Territorium und unentbehrliche Stützen der Staatsmacht. Daneben waren es die Spitzen der Orts- und Stadtverwaltungen, die das Zerstörungswerk vorantrieben. In Gilge, Kreis Labiau, ließ der erste Vorsitzende des Dorfsowjets Anfang der fünfziger Jahre die unversehrte Kirche abreißen.

An zweiter Stelle folgt dann allerdings doch die Armee, was angesichts deren Umfangs und deren Bedeutung für die weit nach Westen vorgeschobene Militärkolonie Kaliningrad nicht erstaunt. Russische Soldaten machten auf Befehl schon bald nach dem Kriege ostpreußische Kirchen dem Erdboden gleich, z. B. die unversehrten Kirchen in Thierenberg (14. Jh.), Kreis Fischhausen, und in Schakuhnen (18. Jh.), Kreis Elchniederung. Noch in den achtziger Jahren sorgten sie dafür, daß von der mittelalterlichen Kirche in Kremitten, Kreis Wehlau, nur ein Backsteinblock und etwas Schutt übrig blieb. Selbstverständlich waren die Ortschaften, die auf großen, sich über viele Kilometer erstreckenden Truppenübungsplätzen lagen, von vornherein dem Untergang geweiht. Hier wurden auch Kriegsfilme gedreht. So berichteten Einwohner umliegender Orte Bachtin, daß im Jahre 1958 bei Aufnahmen für den Film „Ein Menschenschicksal", nach der bekannten Erzählung des sowjetischen Schriftstellers Michail Scholochow, das gesamte Dorf Grünhayn, Kreis Wehlau, zerstört wurde. *„Bauernhäuser und die Kirche wurden zerschossen und gesprengt."*

Das Verhalten der Soldaten ist noch einigermaßen nachvollziehbar. Haben sie doch ihre Befehle einfach nur ausgeführt. Bindungen an die Region, die ihnen die Ausführung hätten erschweren können, gab es nicht. Es kam möglicherweise noch hinzu, daß man sich, obwohl der Krieg längst vorbei war, noch immer in Feindesland wähnte. Schwieriger ist es hingegen, das Verhalten der Zivilbevölkerung kurz und bündig zu erklären. Bachtin erzählt aus den Gesprächen mit seinen Landsleuten: *„Wenn ich* *im Dorf nach der Kirche frage, dann erinnern sich alle und sagen: 'Was war das für eine schöne Kirche! Wie schade, daß sie eingestürzt ist.' Ich frage dann: 'Wohin haben Sie geschaut, als man sie auseinandernahm? Warum haben Sie nicht darüber gesprochen?' Darauf antworten sie immer: 'Dafür ist doch der Leiter der Kolchose da.' Aber den Leiter der Landwirtschaftlichen Genossenschaft interessierte die Kirche nicht. Er hatte seine eigenen Probleme."* Hier wird die Situation deutlich. Es ist die Mentalität der Bevölkerung, die Abriß und Verfall der Kirchen ermöglichte.

Es war aber nicht allein die Unfähigkeit der Menschen, Verantwortung zu übernehmen. Hinzu kam etwas mindestens ebenso Wesentliches: Die Menschen konnten und sollten auch nichts mit den Kirchen Ostpreußens anfangen. Sowjetstaat und Partei, auch das im Westen nicht selten gerühmte sowjetische Bildungssystem, unterließen es schlicht, die Angesiedelten – meistens einfache Menschen vom Lande – über die kulturellen Werte dieses Stückes angegliederten Deutschlands zu unterrichten. Es wurde verschwiegen, daß man in ein Land gezogen war, das über so bedeutende und schützenswerte Bau- und Geschichtsdenkmäler wie gotische Backsteinkirchen des 14. Jahrhunderts verfügte. An diesem Verschweigen beteiligten sich lange Jahrzehnte hindurch alle, das russische Kulturministerium, die Presse, die Wissenschaftler. Das kulturelle Erbe des 1945 „erworbenen" Landes wurde verdrängt und vergessen und derweil vernichtet.

Die Schwelle für Gewaltmaßnahmen gegen Kirchen war und ist aus einem anderen Grunde niedrig. In Rußland selbst wurden nach der Oktoberrevolution 1917 viele orthodoxe Kirchen geschlossen, zweckentfremdet genutzt, ruiniert und zerstört. Die neue Bevölkerung Nord-Ostpreußens hatte dies erlebt und war zum großen Teil im atheistischen Geist erzogen. Bachtin weist in seinem Bericht über Lauknen, Kreis Labiau, auf diesen Zusammenhang hin: *„Die in diesen Ort aus Rußland gekommenen Übersiedler hatten kein gutes Verhältnis zu Gott und die Kirche erschien ihnen überflüssig."* Manchmal, selten, kann Bachtin auch Tröstliches vermerken. So widersetzten sich hier und da Gläubige der Einebnung von Friedhöfen (Trempen, Kreis Insterburg) oder verhinderten die Zerstörung von Grabsteinen (Starkenberg, Kreis Wehlau).

Nun ein Wort zum Material dieser Dokumentation, zu den Fotos und Texten von Anatolij Bachtin. Er fotografiert mit einer russischen Spiegelreflexkamera der Marke „Zenit" und zugehörigen Objekti-

ven. Seine Fotos sind reine Dokumentationsfotos und keine Kunstwerke bzw. ausgefeilte Produkte einer künstlerischen Fotografie. Dies wird auch durch die Verwendung von Schwarz-Weiß-Filmmaterial ganz deutlich unterstrichen. Der Bildautor versuchte das, was er antraf, möglichst exakt wahrzunehmen und wiederzugeben. Hierfür wichtig waren ihm Dinge wie die Wahl des richtigen Standpunktes, des geeigneten Bildausschnittes und damit zusammenhängend der passenden Brennweite. Manche Aufnahme entstand unter sehr schwierigen Verhältnissen, beispielsweise dann, wenn die Umgebung der Kirche völlig verwildert und mit Bäumen zugewachsen war. Der Fotograf hatte dann nur eine sehr geringe Aufnahmeentfernung. Dies war bisweilen auch in Königsberg der Fall, wenn er buchstäblich mit dem Rücken an der Wand stand (St. Josef-Kirche).

In den Fällen, in denen ihm schon früh historische Fotos vorlagen – diese hatte er zunächst nur selten, nach Öffnung der Stadt im Jahre 1991 zunehmend häufiger –, versuchte er, eine Vergleichsaufnahme aus derselben Perspektive zu machen. Wenn die Kirche nicht mehr existiert, zeigt das Foto grundsätzlich den früheren Standort, so wie er sich heute dem Besucher darbietet. Beeindruckend und anrührend sind Details, etwa ein unter freiem Himmel stehendes Taufbecken als letzter Überrest einer Dorfkirche. Ergänzt werden Bachtins Fotos aus der Gegenwart bzw. aus den letzten Jahren bei einer Reihe von Kirchen durch Aufnahmen aus früheren Jahren, die er nicht selbst machte, sondern in Archiven oder bei russischen Privatpersonen fand, und die den Zustand von Objekten in der Zwischenzeit dokumentieren, zu irgendeinem Zeitpunkt nach 1945.

Bachtins begleitende Texte sind sehr nüchtern und spröde. Es sind Schilderungen des Bauzustandes und des Schadensbildes. Beim Lesen spürt man förmlich die Situation vor Ort, wo Bachtin seine Beobachtungen schriftlich knapp fixierte: Der Blick wandert über das Gebäude und erfaßt nacheinander den Turm, das Kirchenschiff, die Vorhalle, die Sakristei usw. und immer, sofern noch vorhanden, das Dach. Häufig setzt sich ein Text zu einem Objekt aus unterschiedlichen Protokollnotizen zusammen, die er im Abstand von einigen Jahren anfertigte. Bachtins Texte sind keine literarischen Reise- oder Ortsbeschreibungen. Einen solchen Anspruch erhebt er auch gar nicht. Ihm geht es einzig und allein darum, die angetroffene Situation festzuhalten. Sein Blick geht über den Bildrand hinaus, wenn er mitteilt, ob Friedhof, Pfarrhaus und

Kr. Fischhausen - Thierenberg

После войны кирха с деревней были совершенно цель. Но в 1946 г. в этом районе началось строительство аэродрома, которое длилось три года. Было принято решение под строительный материал использовать постройки окружающих деревень. Тогда же была разобрана кирха в Тиренберге и сам поселок. От кирхи оставался только фундамент, который был снесен в 1987 г., для подготовки площадки под строительство склада для хранения химических удобрений. При этом было снесено и кладбище. Узнав об этом работы были прекращены.

Bachtin hält die Ergebnisse seiner Ermittlungen und Beobachtungen, hier zur Kirche in Thierenberg, Kreis Fischhausen, schriftlich fest. Um deutlich zu machen, daß es sich um alte deutsche Kirchen handelt, verwendet er statt des russischen Wortes „cerkov" die im Russischen eigentlich nicht existierende Bezeichnung „kircha".

das Denkmal für die im Ersten Weltkrieg gefallenen Dorfbewohner noch vorhanden sind, oder wenn er anmerkt, in welchem Zustand sich das übrige Dorf befindet.

Generell gilt für Bachtins Fotos und Texte: Sie spiegeln den Zustand im Frühjahr/Sommer 1997 wider. Dies gilt auch dann, wenn die Fotos älter sind - die große Masse stammt aus den Jahren 1992 bis 1997. Wenn seit der letzten Aufnahme keine wesentlichen Veränderungen eintraten, wurde auf ein neues Foto verzichtet, ebenso auf eine weitere Protokollnotiz, wenn nichts Neues zu berichten war. Grundsätzlich berücksichtigt Bachtin sämtliche evangelischen und katholischen Kirchen im Königsberger Gebiet bzw. deren Überreste, nicht dagegen Kapellen und Gemeindehäuser.

Das Material über die Kirchen vor 1945 besteht ebenfalls jeweils aus Texten und Bildern. Die kurzen Texte zur Bau- und Kunstgeschichte wurden den im Literaturverzeichnis genannten Werken entnommen. Im Bildnachweis ist angegeben, aus welcher Publikation, aus welchem Archiv oder von welcher Privatperson die Aufnahme stammt. Die historischen Fotos tragen keine Angabe zum Jahr der Aufnahme, da dieses in der Regel nicht ermittelt werden konnte. Bei den Kirchen Nord-Ostpreußens handelt es sich fast ausschließlich um evangelische Pfarrkirchen. Dies wird deshalb auf den Dokumen-

tationsseiten nicht mehr eigens erwähnt. Handelt es sich hingegen um eine der wenigen katholischen Diasporakirchen, ist dies ausdrücklich angegeben.

Zu den Ortsnamen in der Dokumentation: An erster Stelle stehen stets die Jahrhunderte hindurch verwendeten historischen Ortsnamen, die erst im 20. Jahrhundert binnen eines Jahrzehnts durch Eingriffe zweier totalitärer Regime geändert wurden. So verfügten zunächst 1938 die deutschen Behörden die Umbenennung der Orte mit Namen litauischer Herkunft, da diese ihnen nicht deutsch genug erschienen. Nach 1946 ordneten die russischen Behörden dann die völlige Löschung aller bis dahin verwendeten deutschen Ortsnamen an. Diese Maßnahme war Bestandteil einer russischen Ostpreußenpolitik, die auf „ethnische Säuberung", russische Kolonisation und Geschichtsfälschung abzielte. Es sollte nichts mehr an die siebenhundertjährige deutsche Geschichte des Gebiets erinnern. Das Schema auf Seite 30 informiert über die Struktur der Dokumentationsseiten.

Mit besonderer Aufmerksamkeit, freilich auch mit großer Beklommenheit und mit Trauer, werden Menschen, die noch aus Ostpreußen stammen oder deren Nachkommen die Fotos nun betrachten. Ihnen fühlt sich der Russe Anatolij Bachtin besonders verbunden, wenn er von ihnen als seinen „Landsleuten" spricht. Sie kennen diese Kirchen noch aus ihrer Kindheit und Jugend. Bei der Suche nach historischen Fotos sichtete ich nicht nur eine Unmenge an Büchern und Zeitschriften, fragte in vielen Archiven an, sondern nahm auch mit zahlreichen ehemaligen Bewohnern der Kirchspiele Kontakt auf. In den Gesprächen mit diesen Menschen aus ganz verschiedenen Schichten und sozialen Zusammenhängen ließ sich erkennen, wieviel ihnen diese Kirchen bedeuteten und auch heute noch bedeuten. Es ist einfach erstaunlich, was alte Ostpreußen noch alles über „ihre" Kirche wissen. Die Kirchen hatten damals einen anderen Stellenwert, gerade auf dem Lande. Sie waren geistiger und kultureller Mittelpunkt eines Ortes und der Pfarrer war eine Autorität. Am Sonntagnachmittag trafen sich zum Beispiel die Jugendlichen an der Kirche oder im Konfirmandensaal, um gemeinsam etwas mit dem Pfarrer zu unternehmen.

Die Kirche in Obehlischken (Schulzenhof), Kreis Insterburg.
Foto: F. Speckmann

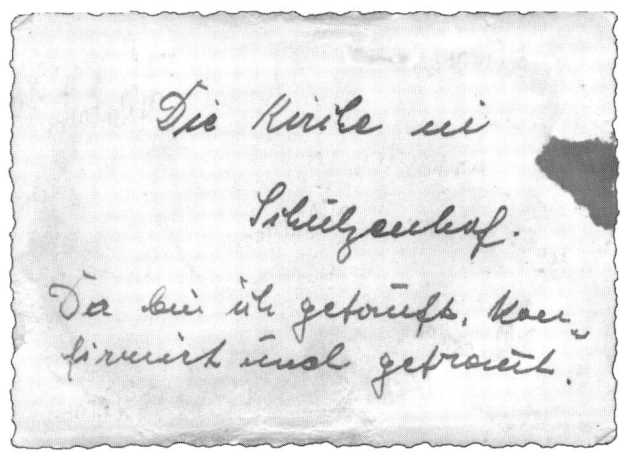

Rückseite

Mancher der angesprochenen Ostpreußen ist in der glücklichen Lage, ein Foto seiner Kirche zu besitzen, so etwa der frühere Maurermeister Fritz Speckmann, der das von ihm 1938 selbst mit einer Box

gemachte, inzwischen vergilbte 6 x 9 cm-Foto der Kirche von Obehlischken, Kreis Insterburg, aus seinem Familienalbum löste und zur Verfügung stellte. (Von diesem Gebäude besitzt bisher keines der zuständigen Archive eine Aufnahme.) Die meisten jedoch bedauerten, keine Fotos mehr zu besitzen, so die 83jährige Anneliese Seifert, Ehefrau des letzten Pfarrers in Saalau, Kreis Insterburg, die im Kriege ihren an die Front eingezogenen Mann vertrat und „Taufen und Beerdigungen und alles machte". Sie sagte: *„Ich hatte viele schöne Fotos von der Kirche, habe aber nur meine vier Kinder und das, was ich auf dem Leibe trug, gerettet."*

Die Kirchen beschäftigen die ehemaligen Einwohner sehr, auch bei ihren Reisen in die Heimat. Für sie sind die Ruinen alles andere als romantisch. Oft stellen sie einen Blumenstrauß auf die Stufen ihres alten Gotteshauses. Sie sagen es nicht immer und scheinen sich manchmal abgefunden zu haben, aber sie leiden psychisch und empfinden ausgebrannte Innenräume, zugenagelte Türen, vermauerte Fenster und verwüstete Friedhöfe mit aufgebrochenen Gräbern als Skandal. Eine Insterburgerin: *„Mich erfaßt jedesmal Wehmut, wenn ich auf dem leeren Marktplatz verharre, wo einst die Lutherkirche, das Wahrzeichen unserer Stadt, stand. In meinem Herzen bleibt sie immer, denn in ihr bin ich getauft, eingesegnet und auch getraut."* Ein Königsberger: *„Die frühere evangelische Kirche in Ratshof ist ein dröhnender Tanzschuppen. Mir tut das weh."*

Es ist nicht abwegig, auch einmal über die Frage nachzudenken, inwieweit die Ostpreußen eigentlich ein in ihrer Existenz, zumindest in ihrer kulturellen Identität gefährdetes Volk bzw. Teilvolk sind. Tilman Zülch, der Bundesvorsitzende der Menschenrechtsorganisation „Gesellschaft für bedrohte Völker", Göttingen, nannte 1989 in seinem Aufsatz „Die Eroberung Nord-Ostpreußens" die Geschehnisse, denen die Ostpreußen bei Kriegsende und in den Jahren danach ausgesetzt waren, beim Namen: Mord, Folterungen, Vergewaltigungen, willkürliche Erschießungen waren an der Tagesordnung. Zwangsarbeit, Unterernährung, Erschöpfung und Infektionskrankheiten taten das übrige. Die Überlebenden wurden schließlich aus dem okkupierten Land, das ihre Heimat war, weggeschafft (Aufstand der Opfer. Verratene Völker zwischen Hitler und Stalin. Hrsg. von J. Vollmer und T. Zülch, Göttingen 1989, S. 149-153). Glücklicherweise aber hatte sich ein großer Teil der Bevölkerung durch die Flucht nach Westen gerettet. Es war ein großes Unglück für diese Menschen, daß sie ihre Heimat in den Jahrzehnten danach nicht besuchen durften. Der Hinweis auf den von Deutschland begonnenen Krieg im Osten konnte keine Erklärung mehr sein. Es war eine sinnlose und zutiefst inhumane Strafmaßnahme des Sowjetregimes, die hier fast ein halbes Jahrhundert lang (bis 1991) über Opfer verhängt wurde. Warum eigentlich? In Bosnien, der Vergleich mag nicht in jeder Hinsicht zutreffen, wurden vor wenigen Jahren die Kulturdenkmäler der Kroaten und Moslems systematisch zerstört. Mit der Vernichtung der kulturellen Wurzeln wollten die Verantwortlichen offensichtlich eine eventuelle, spätere Rückkehr der Vertriebenen verhindern. Internationale Beobachter bezeichneten noch während des Krieges diesen Vorgang mit dem Begriff „Kulturozid".

Diese Dokumentation über die Kirchen Nord-Ostpreußens spricht nicht nur Menschen an, die noch aus Ostpreußen stammen und deren Kinder und Enkel, sondern eine viel breitere Öffentlichkeit. Denn sie wirft ganz allgemein das Thema der Bedeutung der überkommenen Kirchenbauten auf, ihrer Bedeutung für uns heute. Sie stellt Fragen nach deren sinnvoller Nutzung und nach den Möglichkeiten ihrer Erhaltung. Dies alles sind schwierige Fragen, die gegenwärtig auch in Deutschland, insbesondere in den neuen Bundesländern, diskutiert werden. Was tut man, wenn die Gemeinde zu klein und zu finanzschwach ist, um den in der Substanz bedrohten Kirchenbau zu unterhalten? Dabei handelt es sich bei den Sakralbauten zwischen Ostsee und Thüringer Wald noch weitestgehend um „bewohnte" Gotteshäuser, die vergleichsweise mächtige Anwälte und Fürsprecher haben. So haben die acht Bischöfe der östlichen evangelischen Landeskirchen in einem Brief an den Bundeskanzler 1992 auf die besondere Dringlichkeit dieser Sache hingewiesen und die Notwendigkeit einer Bewußtseinsbildung bezüglich der Lösung dieser Aufgabe unterstrichen. In ähnlicher Weise wandten sich Vertreter der Denkmalpflege, der Landeskirchen und der Politik mit dem „Dresdner Appell" im April 1995 an die deutsche Öffentlichkeit. Stiftungen und Privatinitiativen tragen mittlerweile zur Milderung dieser Probleme bei, helfen bei der Sanierung und Erhaltung gefährdeter Kirchengebäude.

Ganz anders hingegen die Situation im nördlichen Ostpreußen, im Oblast Kaliningrad. Das traditionell überwiegend evangelische Land wurde durch die Massenflucht und die Vertreibung der angestammten Bevölkerung praktisch zum religiösen Niemandsland. Keine Landeskirche konnte hier mehr tätig sein. Die Zuständigkeit für alles lag bei einem anderen Staat, bei der Russischen Sozialistischen Föderativen Sowjet-Republik.

Läßt sich noch etwas retten? Ist der Verfall der ostpreußischen Kirchen noch aufzuhalten? Die Antwort wird sicherlich unterschiedlich lauten. Fest steht: Die Mehrzahl der überhaupt noch vorhandenen Kirchen – abgesehen von den wenigen Gebäuden, in denen sich heute wieder Gemeinden zum Gottesdienst versammeln – ist gefährdeter als je zuvor. Bachtin, der den aktuell ablaufenden Verfalls- und Zerstörungsprozeß beobachtet und dokumentiert, äußert sich pessimistisch, genauer: realistisch, wenn er sagt: *„Ich wollte ein Buch über die Kirchen für die Menschen unserer Region schreiben, über deren Geschichte. Mit einer Masse von Bildern und Informationen. Ich dachte, daß die Menschen, wenn sie sehen, wie die Kirche einmal war und wie sie heute ist, nicht mehr die Hand gegen sie erheben und sie zerstören. Das war mein grundlegender Gedanke. Ich habe das Buch geschrieben, konnte es aber nicht veröffentlichen, weil das viel Geld kostet. Heute aber verstehe ich, daß ich mich sehr geirrt habe, daß die Menschen, auch wenn sie etwas wissen, trotzdem zerstören. Denn ich habe viel über die Denkmäler erzählt, bin öfter im Fernsehen aufgetreten, habe in der Presse darüber geschrieben. Die Leute wissen etwas darüber. Es hilft alles nichts. Sie haben weiter zerstört und sie zerstören weiterhin. Die Perspektiven für die Kirchen sind sehr negativ."*

Dem bräuchte man eigentlich nichts mehr hinzuzufügen, wenn da nicht noch der andere Bachtin wäre, der sich über jeden Ansatz zur Erhaltung und Rettung eines Kulturdenkmals freut, der jede entsprechende Initiative mit großer Hoffnung verfolgt und der es nicht aufgibt, Russen und Deutsche über die Situation zu informieren. Bachtin macht am Schluß seines Beitrages in diesem Buch auf eine ganze Reihe zum Teil kunst- und kulturgeschichtlich sehr wertvoller Kirchgebäude aufmerksam, deren Rettung heute noch möglich wäre und Priorität haben sollte.

Die Schwierigkeiten allerdings sind gewaltig, auf allen Seiten. Die Hauptfrage lautet: Kann eine große europäische Kulturnation wie Rußland es eigentlich hinnehmen, daß das jahrhundertealte Erbe dieser kleinen Region an der Ostsee vor unser aller Augen verfällt? Rußland, das die Verantwortung trägt – dies wird auch vom wiedervereinigten Deutschland nicht im geringsten angefochten oder in Frage gestellt –, kann doch im eigenen Interesse dieses Land nicht nur kurz- oder mittelfristig unter strategischen Gesichtspunkten betrachten. Das Königsberger Gebiet ist geographisch und historisch-kulturell ein Teil Mitteleuropas. Es grenzt an

24. November 1996

Einwohner demontieren das Dach der Kirche in Puschdorf, Kreis Insterburg, um das Material privat zu verwerten. Damit ist die Vernichtung des Gebäudes vorprogrammiert.

europäische Völker, die Litauer und die Polen. Wer im Frühsommer von Polen aus einmal durch dieses Land nach Litauen fährt, wird die deprimierenden Eindrücke angesichts der blühenden Steppe, der verfallenen Dörfer und des brutalen Betons nicht vergessen!

Die Frage muß erlaubt sein: Hat Rußland, als es Hausherr in diesem Gebiet wurde, neben Rechten nicht auch Pflichten übernommen? Bei diesem Land handelte es sich doch keineswegs um „Neuland" oder ein bis dahin unbesiedeltes Land. Das sowjetische Rußland hat die Zerstörung der Kultur Ostpreußens bedauerlicherweise aktiv betrieben. Kann es sich das neue, das demokratische Rußland erlauben, in den Fußstapfen des Sowjetregimes dieses Werk fortzusetzen und de facto zu vollenden? Was meinen die Verantwortlichen in Wissenschaft, Kultur und Politik Rußlands zu diesem Problem? Europäische Kooperation, auch mit Deutschen, ist sicher das dringende Gebot der Stunde. Um es jedoch gleich zu sagen: Der Ausweg kann für Rußland mit Sicherheit nicht darin bestehen, daß die deutsche Seite alles bezahlt (und vielleicht noch ein wenig mehr) und man es ihr von russischer Seite scheibchenweise gestattet, etwas zur Rettung von Kulturdenkmälern zu tun. Dies wäre dann ein Geschäft, bei dem man so viel wie möglich herausholen wollte.

Nein, die russische Seite ist zuständig und selbst verantwortlich und muß wissen, daß es eine interessierte europäische Öffentlichkeit gibt, die sehr wohl zur Kenntnis nimmt, daß einerseits die orthodoxen Kirchen von Nowgorod und Pskow glücklicherweise gepflegt sind und die von Stalin 1931 gesprengte Erlöserkirche in Moskau zur Zeit neu errichtet wird, andererseits jedoch von immer mehr Kirchen im Königsberger Gebiet kein Stein mehr auf dem anderen bleibt. Europäisch und gut nachbarschaftlich handeln heißt zu versuchen, die so herausragenden und für die ostpreußische Kulturlandschaft so spezifischen Denkmäler wie die Kirchen zu erhalten. Nach der UNESCO-Konvention zum Schutz des Kultur- und Naturerbes der Welt von 1972 haben die Staaten eine besondere Verantwortung für den Schutz des historischen Erbes. Hierzu gehört auch, den Kenntnisstand über das in ihrer Obhut stehende Kulturerbe unter den eigenen Bürgern zu verbreitern und zu vertiefen. Unkenntnis ist der Nährboden für Gleichgültigkeit. Ein einziges, armseliges Schild an der ruinierten Kirche von Abschwangen, Kreis Preußisch Eylau, ist nicht ausreichend (vgl. Seite 205).

Deutschland, um dies einmal ganz allgemein zu sagen, ist ungeheuer zurückhaltend, zeigt geradezu ein demonstratives Desinteresse. Dies mag dem Bewußtsein breiter Kreise entsprechen, ist aber ebenfalls nicht angemessen. Bundespräsident Roman Herzog hat in einer Rede in Berlin im September 1996 erklärt: „Diese Gebiete sind heute völkerrechtlich unbestritten polnisches bzw. russisches Staatsgebiet. Sie gehören zu unserem geschichtlichen und kulturellen Erbe, aber nicht mehr zu unserem Staat..." Damit ist die Situation umrissen. Es ist ein legitimes Interesse, nicht nur derjenigen Deutschen, die in Ostpreußen ihre Wurzeln haben, daß einvernehmlich eine pflegliche Behandlung des nun gemeinsamen kulturellen Erbes erreicht wird. Kooperation muß Pflicht sein. Diejenigen Menschen, die allen Widerständen zum Trotz an der Erhaltung oder sogar Wiederherstellung einer Kirche in Nord-Ostpreußen arbeiten, verdienen jegliche Unterstützung von beiden Staaten.

In Potsdam gibt es noch heute die 1826 gegründete russische Kolonie Alexandrowka. Preußens König Friedrich Wilhelm III. ließ sie durch seinen Landschaftsarchitekten Lenné auf hippodromförmigem Grundriß als Gedenkstätte für Zar Alexander I. in Gestalt eines künstlichen Dorfes anlegen und im russischen Stil mit Blockhäusern bebauen. Auf einem Hügel am nördlichen Kopfende errichtete man eine russisch-orthodoxe Kapelle (1826-1829), die Alexander-Newskij-Kirche, die noch heute ohne jede Änderung ihrem ursprünglichen Zweck dient. Der Geistliche Anatolij Koljada ist der Hirte der orthodoxen Gemeinde in Potsdam und Umgebung. Er wohnt mit Familie im dazugehörigen Popenhaus.

Früher stand die Anlage auf freier Flur im Norden der Residenz, heute grenzt sie unmittelbar an das künftige Wohngebiet Bornstedter Feld und stört die Planung. Als die Verkehrsplaner im Sommer 1997 eine Straßenbahntrasse quer durch die geschlossene Siedlung erwogen, genau zwischen Kirche und Dorf hindurch, protestierten nicht nur Einwohner Potsdams, Denkmalschützer, Politiker und Interessierte, sondern auch in Moskau ertönte Alarm. Alexandrowka habe eine so außerordentliche Bedeutung für die russische Kunstgeschichte, die Kirche auf dem Kapellenberg sei der älteste noch bestehende russisch-orthodoxe Kirchenbau in Westeuropa, hieß es in einem Appell des Moskauer Architekturinstituts. Dmitrij Schydkowskij, Professor am Institut, meinte gar: *„Der Plan verletzt internationales Recht.“* Inzwischen war die leitende Mitarbeiterin des Kulturministeriums der Russischen Föderation Irina Markina, selbst Architektin und zuständig für die Betreuung des russischen kulturellen Erbes in ganz Europa, in Potsdam und nahm Einblick in die Pläne und deren Varianten. Als Ergebnis aller Diskussionen kann festgehalten werden, daß die Planer auf die kritisierte Streckenführung verzichten und das bauliche Ensemble nicht im geringsten berührt wird. Den beschwörenden Schlußworten des russischen Appells mag man sich gern anschließen: *„Schont das Denkmal deutsch-russischer Freundschaft und Zusammenarbeit!“* Könnte man die Kirchen des Königsberger Gebiets nicht ebenfalls als Denkmäler deutsch-russischer Freundschaft und Zusammenarbeit betrachten, auch wenn sie ursprünglich keinesfalls als solche angelegt waren?!

Anatolij Bachtin erarbeitete seine Dokumentation nicht den Deutschen zuliebe, sondern in erster Linie für sich selbst und für seine russischen Landsleute in Ostpreußen. Die Sensiblen seiner Generation haben gar keine Wahl. Wenn sie sich beheimaten wollen, müssen sie etwas für ihre Heimat tun. Sie brauchen ein authentisches lokales und regionales Geschichtsbewußtsein als Grundlage ihrer kulturellen Identität. Bachtin schreibt die Nachkriegsgeschichte der Kirchenbauten Nord-Ostpreußens, die gewiß an manchen Stellen noch lückenhaft ist, die jedoch bereits heute erkennen läßt, was mit diesen Bauten wirklich geschah. Sein Vorgehen ist wissenschaftlich legitim, angesichts der Quellenlage sogar angezeigt, um zu einer angemessenen Rekonstruktion zu gelangen. Seine Arbeit bildet in gewissem Sinne die Fortsetzung der bis 1945 reichenden großen dreibändigen Geschichte der Evangelischen Kirche Ostpreußens (1968) von Walther Hubatsch und Iselin Gundermann.

Nicht um Rekonstruktionen des Geschehens, sondern um zweifelhafte Konstruktionen handelt es sich hingegen bei manchen im Königsberger Gebiet erscheinenden Publikationen, denen das krampfhafte Bemühen anzumerken ist, in der fremden Vergangenheit eigene nationale Spuren zu entdecken. So wird beispielsweise mit Publikationen über den Siebenjährigen Krieg, in dem Ostpreußen russisch besetzt war, oder über die Durchreise des Zaren Peters des Großen mit seiner Großen Gesandtschaft nach Westeuropa ganz offensichtlich versucht, eine russische Geschichte und Tradition für dieses Gebiet zu schaffen. Dies ist absurd und lächerlich. Geschichte kann nicht wie von Gärtnern künstlich aufgepfropft werden. Dann ist sie reine Ideologie, keine kommunistische mehr, sondern eine nationalistische.

Bestand haben kann nur eine Geschichte, die der Wissenschaft und der Wahrheit verpflichtet ist. Anatolij Bachtin ist einer derjenigen, die einen Beitrag zu dieser Geschichte leisten, mit großer Ehrlichkeit und mit großem Mut. Nichts wird beschönigt oder verschwiegen. Er steht damit in den besten Traditionen seines Volkes. Seine Dokumentation ist nicht nur eine bedeutende historiographische Leistung, sondern vor allem eine ganz herausragende kulturelle Leistung. Denn Bachtin entreißt die Kirchen des nördlichen Ostpreußen, auch die vernichteten, dem Vergessen und rettet sie damit auf seine Weise für uns alle, für Deutsche und für Russen. Er durchbricht das öffentliche Schweigen über diese Kirchen und bringt Russen und Deutsche zum Reden über sie.

Gerhard Doliesen

Aus der Geschichte der Kirche in Ostpreußen

Mission und Christianisierung

Vor eintausend Jahren unternahm der später heilig-gesprochene Adalbert von Prag im Gebiet der baltischen Prussen die ersten, allerdings vergeblichen Missionsversuche. Er erlitt **997** an der Samlandküste den Märtyrertod.

Im **13./14. Jahrhundert** führte der Deutsche Orden, der ab etwa 1230 das Land eroberte und besiedelte, die Christianisierung des Landes durch. Er baute Burgen und Kirchen, gründete Städte und Dörfer und rief deutsche Handwerker, Bauern und Kaufleute nach Preußen.

Erste deutsche evangelische Landeskirche

Der letzte Hochmeister des Ordens, Markgraf Albrecht von Brandenburg, war bestrebt, den Ordensstaat auf eine neue Grundlage zu stellen. Auf seinen politischen Reisen durch das Reich führte er auch Gespräche mit Martin Luther und Philipp Melanchthon in Wittenberg. Dem Rat Luthers folgend löste er im Mai **1525** den Orden auf und wandelte den Ordensstaat in ein weltliches Herzogtum um. Gleichzeitig führte er die Reformation durch. Bereits im Dezember 1525 wurde eine erste Landes- und Kirchenordnung verabschiedet. Das Herzogtum Preußen bzw. das spätere Ostpreußen (ohne das katholische Ermland) wurde bis ins 20. Jahrhundert wie Sachsen, Thüringen, Württemberg, Hessen usw. zu den „evangelischen Kernlanden" Deutschlands gerechnet.

1544 gründete Herzog Albrecht die Universität Königsberg als zweite protestantische Universität (Marburg 1527) in Deutschland. An der Theologischen Fakultät wurden Pfarrer ausgebildet, die in den Volkssprachen Deutsch, Litauisch und Masurisch (Polnisch) predigten.

Herzog Albrecht von Preußen

An die herren Deutschs Ordens / das sy falsche keuschhait meyden / vnd zür rechten Eelichen keuschhait greyffen / Ermanüg.

Martinus Luther

Wittemberg.

M.D.xxiiij.

Luthers Schrift an den Deutschen Orden von 1523

Konfessionelle Toleranz

Das Herzogtum Preußen war kein konfessioneller Einheitsstaat. Hugenotten, Böhmische Brüder, Calvinisten und andere fanden Zuflucht und konnten ihren Glauben ausüben. Auch den Katholiken war Glaubensfreiheit zugesichert. Im **18. Jahrhundert,** im Zuge des großen Reformwerks der Wiederbesiedlung der durch die Pest 1708-10 entvölkerten Landesteile, nahm das Land reformierte Schweizer, Nassauer und Pfälzer sowie viele wegen ihres evangelischen Glaubens vertriebene Salzburger auf. Die Nationalität der litauisch- und polnischsprachigen Einwohner wurde respektiert; beide waren durch das gemeinsame Band des evangelischen Glaubens mit der übrigen Bevölkerung verbunden. *G.D.*

Ostpreußische Kirchenbauten

Die mehr als 220 bis zum Zweiten Weltkrieg existierenden Kirchen des Königsberger Gebiets entstanden in einem Zeitraum von etwa 700 Jahren und zeigten eine große architektonische Vielfalt. Mehr als 20 Generationen bauten an ihnen. Etwa ein Drittel dieser Kirchen stammte noch aus der Zeit des Deutschen Ordens (13.-15. Jh.). Sie standen im westlichen und mittleren Teil Altpreußens. Dagegen stammten die Gotteshäuser in den Dörfern der östlichen und nordöstlichen Grenzgebiete aus späteren Jahrhunderten. Die häufigsten Grundtypen ostpreußischer Kirchen sind unten kurz beschrieben.

Gotische Kirchen der Ordenszeit

Hauptbaustoff war seit Beginn des 14. Jahrhunderts der Backstein und, bei den Dorfkirchen, der Feldstein.
Dorfkirchen sind einschiffig, häufig gewölbt, meistens von Westen nach Osten gerichtet, haben im Westen einen vorgebauten Turm, im Osten den Altar- oder Chorraum. Beispiele: Arnau, Wargen, Kaymen.
Stadtkirchen sind größer, höher und mächtiger und haben neben dem Hauptschiff meist zwei Seitenschiffe, doch kein Querhaus. Das Langhaus ist meistens ein Hallenbau. Sämtliche Räume sind gewölbt. Beispiele: Friedland, Wehlau.
Domkirchen gleichen in der Anlage den städtischen Pfarrkirchen, Schiff und Chor sind jedoch viel länger. Beispiel: Dom in Königsberg.

Einwandererkirchen des 18. Jahrhunderts

Während der gezielten Ansiedlung von Glaubensflüchtlingen im Osten des Landes wurden viele neue Kirchen errichtet, die zum größten Teil aus der königlichen Kasse finanziert wurden. Es sind schlichte, massive Saalbauten auf rechteckigem Grundriß, teilweise in Holz errichtet. Manchmal findet sich statt eines Turmes ein seitlich stehender Glockenstuhl. Nur in wenigen Fällen wählte man über die reine Zweckmäßigkeit hinaus aufwendigere Bauformen, z. B. in Alt Lappienen, Mallwischken und Norkitten. Typische Einwandererkirchen: Wilhelmsberg, Walterkehmen, Tollmingkehmen, Puschdorf, Lengwethen, Niebudschen.

Jubiläumskirchen der Jahrhundertwende

In Ostpreußen wurde beschlossen, die Jubiläumsfeierlichkeiten anläßlich der 200-Jahr-Feier der ersten preußischen Königskrönung von 1701 nicht mit Festen und Paraden zu begehen, sondern statt dessen einen Kapitalgrundstock für den Bau neuer Kirchen zu legen. Der Betrag wurde durch Spenden und Sammlungen erhöht. Es entstanden etliche schlichte Backsteinkirchen, die neoromanische oder neogotische Formen aufwiesen oder sich an die Ordensarchitektur anlehnten. Jedes Kirchengebäude erhielt einen Turm. Beispiele: Groß Lenkeningken, Groß Schorellen, Kassuben, Sussemilken.

G.D.

Arnau

Tollmingkehmen

Groß Schorellen

Die Situation der Kirchen im Königsberger Gebiet

Das Königsberger Gebiet besitzt sehr viele Architektur-, Kultur- und Geschichtsdenkmäler – Kirchen, Schlösser, Herrenhäuser, einzelne Gebäude und sogar ganze Städte. Im Jahre 1997 sind im gesamten Gebiet 769 solcher Objekte registriert und stehen damit unter Denkmalschutz. Weitere 968 Objekte werden zur Zeit registriert. Diese Zahlen bedeuten jedoch bei weitem keine vollständige Erfassung aller architektonischen Denkmäler, denn ernstzunehmende Registrierungsbemühungen begannen erst Ende der achtziger Jahre. Zu berücksichtigen ist, daß von den registrierten Objekten ein Teil aus der Nachkriegszeit stammt, d. h. es handelt sich um sowjetische Gebäude oder z. B. auch um Denkmäler für die gefallenen sowjetischen Soldaten.

Es muß gesagt werden, daß nach 1945 nicht nur einzelne Bauwerke, sondern auch ganze Städte aufhörten zu existieren. Manche von ihnen haben heute nur noch den Rang einer Gemeinde oder gar eines Dorfes. Dies betrifft die früheren Städte Allenburg, Eydtkuhnen/Eydtkau, Gerdauen, Kreuzburg, Nordenburg, Pillkallen/Schloßberg, Schirwindt, Wehlau und Zinten. Die Ursachen dafür waren sowohl die erheblichen Zerstörungen durch die Kriegshandlungen 1944/1945 als auch das Vorgehen der Militärbefehlshaber und der örtlichen Verwaltungen in der Nachkriegszeit.

Einige Ordensburgen und -schlösser waren noch bis 1945 erhalten. Manche von ihnen litten jedoch stark in den Kämpfen direkt vor Kriegsende. Ihr Nachkriegsschicksal, auch das der Herrenhäuser, war nicht minder schwer; einige von ihnen wurden abgerissen, andere stark zerstört. Die übrigen wurden als Wohnhäuser oder Wirtschaftsgebäude genutzt. Praktisch in keinem dieser Bauwerke wurde eine regelmäßige Restaurierung durchgeführt. Eine Ausnahme stellt die Burg (Vorburg der Ordensburg) Tapiau dar, weil sie, wie schon vor dem Kriege, als Erziehungsheim genutzt wird. Bei einer Untersuchung der Gutshäuser im Jahre 1991 stellte sich heraus, daß etwa 90 Prozent der Gebäude nach dem Krieg abgerissen wurden. Von den wenigen erhaltenen Bauten befindet sich heute mehr als die Hälfte in einem katastrophalen Zustand.

Am vollständigsten sind im Gebiet noch die Kirchen erhalten. Bis zum Zweiten Weltkrieg waren dies meiner Untersuchung nach 224 evangelische und katholische Kirchen. Diese Zahl bezieht sich nur auf das Territorium des Königsberger Gebietes, berücksichtigt also weder das Memelland, das an Litauen ging, noch den Südteil Ostpreußens, der an Polen fiel. Außerdem existierte eine Vielzahl anderer kirchlicher Gebäude wie Gemeindehäuser, Kapellen, Synagogen. In Ostpreußen gab es in deutscher Zeit viele verschiedene Konfessionen, von evangelischen und katholischen Gläubigen bis hin zu Baptisten, Neuapostolischen und Mormonen.

Zweifellos sind die Kirchen, die während der Ordenszeit erbaut wurden, besonders interessant, erstens, weil es sich bei ihnen um die ältesten Kirchen handelt, und zweitens, weil sie in Rußland nicht ihresgleichen haben. Es ist bedauerlich, daß bisher nur eine kleine Zahl von Spezialisten Interesse an ihnen zeigte, während sie von den lokalen russischen Verwaltungsbehörden gänzlich ignoriert wurden.

Wir wollen die Geschichte des Kirchenbaus im nördlichen Ostpreußen im folgenden kurz nachzeichnen, ohne sie in ihren Einzelheiten zu analysieren. Das 13. Jahrhundert war gekennzeichnet durch den jahrzehntelangen, im Jahre 1239 beginnenden, zähen Krieg des Deutschen Ordens mit den prußischen Stämmen, die in diesem Land ansässig waren. Im Laufe der langandauernden Aufstände der heidnischen Bevölkerung wurden viele christliche Kirchenbauten zerstört. Aus dieser frühen Epoche sind lediglich vier bis ins 20. Jahrhundert erhalten geblieben.

Aus der Blütezeit der Ordensherrschaft im 14. Jahrhundert überdauerten bis in unser Jahrhundert auf dem Territorium des heutigen Königsberger Gebietes 52 Kirchen. Die Zahl der damals errichteten Kirchen wurde in keinem der folgenden Jahrhunderte übertroffen. Es war dies die Zeit der aktiven Christianisierung der prußischen Bevölkerung, die vorwiegend in ländlichen Gebieten lebte. Gleichzeitig entstanden aber auch zahlreiche Städte und Dörfer als Gründungen deutscher Kolonisten.

Doch die gute Zeit fand bereits zu Beginn des 15. Jahrhunderts ihr Ende. Für den Deutschen Orden brachen schwere Zeiten an – der Krieg mit Polen und Litauen endete 1410 mit einer Niederlage. Danach setzten Bürgerkrieg und polnische Intervention ein, die 13 Jahre lang andauerten, außerdem eine Reihe anderer Kriege, während derer eine große Anzahl von Kirchen abgebrannt oder beschädigt wurde. In diesem Jahrhundert kam es zur Errichtung von wesentlich weniger neuen Kirchengebäuden, von denen 17 noch bis 1945 standen.

Das 16. Jahrhundert war für Preußen eines der kompliziertesten und schwierigsten: das lag sowohl am Verlust von mehr als der Hälfte seines Territoriums im Jahrhundert zuvor als auch an der Reformation der Kirche und des Ordens sowie an der Lehnsabhängigkeit von Polen. Aus diesem Jahrhundert stammen lediglich sechs damals neu errichtete Kirchen.

Im 17. Jahrhundert begann die allmähliche Erstarkung des Staatswesens. Preußen vereinigte sich mit Brandenburg. Ungeachtet der politischen Instabilität der Umgebung trat in Preußen selbst gegen Ende des Jahrhunderts eine relative Stabilisierung ein. Die Errichtung 17 neuer Kirchen sagt sowohl etwas über das Anwachsen der Bevölkerungszahl als auch über den Beginn der preußischen Wiedergeburt aus.

Anfang des 18. Jahrhunderts wurde Preußen Königreich. Aus ganz Europa traf eine große Anzahl neuer Siedler ein, unter anderen auch wegen ihres Glaubens Verfolgte aus Salzburg und Frankreich. Der Neubau weiterer Kirchen war unumgänglich. Nicht einmal der Siebenjährige Krieg, der um die Jahrhundertmitte den preußischen Staat erschütterte, schränkte den Bau neuer Kirchen im nördlichen Teil Ostpreußens ein. Bis zum Ende des Jahrhunderts wurden 47 Kirchen eingeweiht. Dazu zählt auch die wieder aufgebaute Kirche von Ragnit, die von den Russen niedergebrannt worden war.

Das 19. Jahrhundert begann für Preußen äußerst unglücklich. Der Krieg mit Napoleon in den Jahren 1806-1807 zog Ostpreußen, das die Hauptarena der Kriegshandlungen zwischen dem französischen Heer und der russisch-preußischen Koalition darstellte, besonders in Mitleidenschaft. Unzählige Kirchen wurden ausgeraubt. In einer erbärmlichen Lage befand sich auch die Bevölkerung. Der verlorene Krieg und die von den Franzosen auferlegten gewaltigen Kontributionen wirkten sich nachhaltig auf den Kirchenbau aus. Von 36 im 19. Jahrhundert errichteten Kirchen wurden nur sieben in der ersten Hälfte des Jahrhunderts eingeweiht.

Im 20. Jahrhundert wurden bis zum Jahre 1945 noch einmal 45 Kirchen gebaut, und dies trotz der beiden Weltkriege und der auf den Ersten Weltkrieg folgenden wirtschaftlichen Krisenzeit. Anzumerken bleibt: Im Ersten Weltkrieg wurde mehr als die Hälfte des heutigen Königsberger Gebiets durch Kampfhandlungen in Mitleidenschaft gezogen. Damals wurden hier 15 Kirchen zerstört oder beschädigt, die sämtlich wiederhergestellt wurden.

Insgesamt befanden sich am Ende der 700jährigen deutschen Geschichte Ostpreußens auf dem Territorium, das schließlich an Rußland fiel, 224 Kirchen. Nach Beendigung der Kriegshandlungen im Jahre 1945 waren von diesen 224 Kirchen 134 gänzlich unversehrt. 70 Kirchen waren beschädigt, allerdings in höchst unterschiedlichem Ausmaß: von ein bis zwei Geschoßtreffern, gewöhnlich in den Turm, und einem gänzlich intakten Kirchenschiff bis hin zum völligen Ausbrennen und der teilweisen Zerstörung der Wände. Die Mehrzahl der beschädigten bzw. zerstörten Kirchen befand sich in Königsberg selbst. Diese Kirchen hatten nicht nur unter den britischen Bombardierungen vom August 1944 gelitten, sondern auch unter dem Sturmangriff der Sowjetarmee auf die Stadt im April 1945. Bei 20 Kirchen des Gebietes konnte nicht festgestellt werden, ob sie heil geblieben oder leicht beschädigt waren. Das hängt vor allem damit zusammen, daß es keinerlei Dokumente gibt, die den Zustand religiösen Zwecken dienender Gebäude im Gebiet für die Jahre 1945-1950 festhielten.

Von 1945 bis 1948 waren in Königsberg noch deutsche Kirchengemeinden tätig: evangelisch-lutherische, katholische und baptistische. Sie wurden jedoch erst 1947 offiziell registriert. Wie aus Unterlagen des Staatsarchivs Kaliningrad hervorgeht, existierten evangelische Gemeinden in Juditten, in Ponarth (zusammen mit Haberberg und Speichersdorf), in Liep, in Tannenwalde-Charlottenburg und auf dem Sackheim. Ebenso gab es eine Luisenkirchen-Gemeinde. Aus den Dokumenten gewinnt man den Eindruck, daß lediglich die Kirchen in Juditten und in Ponarth von den evangelisch-lutherischen Gemeinden für Gottesdienste genutzt werden konnten, außerdem das Gemeindehaus in Liep und wohl auch das Gemeindehaus der Luisenkirche. Die übrigen Gemeinden versammelten sich vermutlich in anderen Räumen. Den Königsberger Gemeinden stand Pastor Hugo Linck vor.[1] Den Unterlagen nach gestattete man „Hauptpastor" Linck auch das Abhalten von Gottesdiensten außerhalb von Königsberg. Ein evangelisches Gemeindeleben gab es u. a., zumindest zeitweise, noch in Palmnicken, Georgenswalde, Rauschen, Fischhausen, Cranz, Pobethen, Peyse, Zimmerbude, Großheidekrug, Preußisch Eylau, Tharau, Labiau und Wehlau.

Katholische Gottesdienste fanden dagegen wohl durchweg in Kirchen statt. So predigten die Priester Alois Danowski in der St. Adalbert-Kirche, August Voßwinkel in der Kirche Zur Heiligen Familie, Paul Nieswandt in der St. Josef-Kirche, Bruno Strade in der St. Elisabeth-Kapelle und Johannes Norda in einer Friedhofskapelle (vermutlich handelte es sich dabei um die Kapelle auf dem Friedhof Altroßgarten). Die Leitung der katholischen Gemeinden hatte der Priester Paul Hoppe inne. Auch ihm wurde die seelsorgerische Tätigkeit außerhalb Königsbergs gestattet. Es existieren Dokumente mit derlei Genehmigungen für ihn für Preußisch Eylau und das Dorf Mühlhausen.

Die Baptistengemeinde in Königsberg leitete Heinrich Fenner; sein seelsorgerischer Bereich war begrenzt auf eine Friedhofskapelle im Leningrader Stadtbezirk Königsbergs.[2] Die Möglichkeit, daß im Königsberger Gebiet noch in anderen Kirchen die Gemeindearbeit fortgesetzt und Gottesdienste stattfanden, kann nicht ausgeschlossen werden. Jedoch wurden Dokumente, die das bestätigen könnten, bislang nicht aufgefunden.

Nachdem die letzten Angehörigen der deutschen Bevölkerung 1948 ausgesiedelt worden waren, erstarb das kirchliche Leben im Gebiet. Ein im Jahre 1946 von der Leitung der Russischen Orthodoxen Kirche in Moskau unternommener Versuch, im Königsberger Gebiet Fuß zu fassen, blieb erfolglos. Die Bitte, die Errichtung einer orthodoxen Gemeinde zu genehmigen, wurde von der Gebietsverwaltung abschlägig beschieden.

Mit dem Jahr 1948 begann ein neuer Abschnitt in der Geschichte dieses Landes, die Zeit der Kirchenzerstörung. Leider existieren in den russischen Archiven praktisch keine Quellen über den Zustand und die Nutzung der Kirchen sowie über die Umstände ihrer Zerstörung in der Nachkriegszeit. Zur Erhellung dieser Fragen konnte ich deshalb lediglich auf Aussagen der ersten Ansiedler zurückgreifen, die nach 1945 in das Königsberger Gebiet kamen. Allerdings ist das menschliche Gedächtnis nicht immer in der Lage, den genauen Zeitpunkt von Ereignissen zu speichern, weshalb einige der Angaben im folgenden Dokumentationsteil nicht ganz präzise sein mögen.

Zu Beginn der russischen Besiedlung des Gebietes wurden die kirchlichen Gebäude für verschiedenartige Zwecke genutzt, zum Beispiel als Lagerhallen, Kulturhäuser oder Kuhställe. Ein Teil der Kirchen wurde gleich abgerissen und das Baumaterial für militärische Zwecke verwendet. Dieses Schicksal

hatte etwa die vollkommen unbeschädigt durch den Krieg gekommene Kirche in Thierenberg (1340-1360), Kreis Fischhausen, die man für den Bau eines Flugplatzes abriß. Bis 1950 waren etliche Kirchen teilweise und sieben Kirchen vollständig vernichtet, wobei die Zerstörung auf ganz unterschiedliche Weise erfolgte. Zum Beispiel die Kirche in Medenau (1321), Kreis Fischhausen: Um an ihre Glocken zu gelangen, wurde der Turm in Brand gesetzt. Das Ergebnis war, daß die Kirche völlig ausbrannte. Die Wände wurden nach und nach abgerissen, weggeschleppt und einer wirtschaftlichen Verwendung zugeführt. Heute sind nur noch weniger als 15 Prozent der Wandflächen in einem verfallenen Zustand vorhanden.

In den fünfziger Jahren wurden bereits etwa 26 Kirchengebäude ganz abgerissen, unter ihnen in Königsberg die Steindammer Kirche (14. Jh.), die Kirche auf dem Sackheim (1648), die Altstadtkirche (1845) und die Seligenfelder Kirche (1852).[3]

Die sechziger Jahre brachten den Höhepunkt der Kirchenzerstörung in unserem Gebiet. Die Zahl der vernichteten Kirchen betrug in diesem Jahrzehnt 29, darunter allein elf Königsberger Kirchen: Neuendorf (14. Jh./1819), Schloßkirche (1591), Altroßgarten (1683), Burgkirche (1690), Tragheim (1710), Französisch-Reformierte Kirche (1736), Haberberg (1753), Probstei-Kirche (1777), Friedenskirche (1913), Christuskirche (1926). Ebenso wurde die Kirche in Haffstrom (14. Jh.) vernichtet, als man an der Stelle des Dorfes Haffstrom bei Königsberg eine Anlage zur Kiesgewinnung einrichtete und hierfür das Dorf abriß. Nach Beendigung der Kiesausbeutung wurde der Tagebau geflutet und mit der Bucht vereinigt.

In den siebziger Jahren nahm die zerstörerische Tätigkeit ab; in dieser Zeit wurden 14 Kirchengebäude ganz abgerissen, darunter fünf in Königsberg: Löbenicht (1352/1776), Quednau (1507/1830), Neuroßgarten (1647), Lutherkirche (1910) und die Herzog-Albrecht-Gedächtniskirche in Maraunenhof (1913).

In den achtziger Jahren wurden zehn Kirchen vollständig zerstört, darunter in Königsberg zwei: die Kirche Metgethen (1925) und in Kalthof die Kaiser-Friedrich-III.-Gedächtniskirche (1907).

In den letzten Jahren (1990-1996) wurden im Gebiet weitere vier Kirchen vollständig abgerissen. Es handelt sich um die Kirchen in Enzuhnen (1883), Gilge (1851), Kattenau (1811) und Steinbeck (1820).

Im Endergebnis wurden 91 Kirchen praktisch völlig vernichtet. Zu dieser Zahl können noch 67 kirchliche Gebäude gerechnet werden, von denen nur minimale Bestandteile übriggeblieben sind. So steht zum Beispiel nur noch ein Wandfragment der Kirche in Heiligenbeil (14. Jh.) oder die Turmkammer der Kirche in Goldbach (14. Jh.), Kreis Wehlau. Manchmal steht sogar die ganze Fassade, doch dahinter ist nur Leere, so in Groß Schirrau (1909), Kreis Wehlau. Zusammengenommen beläuft sich die Zahl der unersetzlichen Verluste auf 158 Kirchen. So weit die traurige Statistik.

Im Königsberger Gebiet ist in der Bevölkerung die Meinung sehr verbreitet, die Mehrzahl der Kirchen sei vom Militär gesprengt worden. Ich habe jedoch festgestellt, daß das Militär nur für die Zerstörung von 28 Kirchen verantwortlich gemacht werden kann – und auch von diesen wurde fast ein Drittel auf Bitten der örtlichen Administration, beginnend beim Kolchosvorsitzenden und endend bei den Stadt- oder Gebietsbehörden, zerlegt oder gesprengt. In der Regel benutzte das Militär das Material der gesprengten Kirchen zur Aufschüttung (Reparatur) der Wege.

Am 23. April 1985 wurde im Gebiet erstmals eine orthodoxe Gemeinde gegründet, der man die Überreste der am westlichen Stadtrand Königsbergs gelegenen ältesten Kirche des Samlandes, der Judittener Kirche, übertrug. Da nicht mehr als 20-25 Prozent von ihr erhalten waren, mußte sie praktisch völlig neu erbaut werden. Sie wurde zur ersten funktionierenden Kirche in 40 Jahren Nachkriegsgeschichte. Ihre Weihe und der erste Gottesdienst fanden im Dezember 1986 statt.

Vor der Wiederherstellung der Kirche in Juditten war im Gebiet nur eine einzige Kirche wiederaufgebaut worden, die Kirche in Tollmingkehmen, Kreis Goldap, aus dem Jahre 1756. Sie war nach dem Kriege unbeschädigt, verfiel dann aber völlig. Auf Initiative Litauens wurde das Kirchengebäude in seinem ursprünglichen Zustand wiederhergestellt und in ihm 1979 ein Gedenkmuseum für Christian Donalitius (1714-1780), den Klassiker der litauischen Literatur, eingerichtet. Die Restaurierungsarbeiten wurden von litauischer Seite durchgeführt.

Infolge der sich plötzlich ändernden staatlichen Politik gegenüber der Orthodoxen Kirche wurden ihr bis 1993 20 ehemalige Kirchengebäude übergeben. Von diesen sind bis 1997 in der Stadt Königsberg und im Gebiet insgesamt 18 für Gottesdienste hergerichtet. Die Kirchen in Kaukehmen/Kuckerneese (1708) und Neu Argeningken/Argenbrück (1910) stehen noch ungenutzt.

In der Regel übernimmt die Orthodoxe Kirche die am besten erhaltenen Kirchengebäude, unabhängig von deren früherer konfessioneller Zugehörigkeit. Aber ihre finanziellen Möglichkeiten sind sehr begrenzt. Außerdem fehlen den örtlichen orthodoxen Gemeinden ausgebildete Priester. Gegenwärtig gibt es in Königsberg vier funktionierende orthodoxe Kirchen, die ehemaligen evangelischen Kirchen in Juditten (13. Jh.), in Ponarth (1897), in Rosenau (1926) und die Kreuzkirche (1933).

Außerhalb der Stadt Königsberg werden im Gebiet 14 weitere Kirchen in folgenden Orten für orthodoxe Gottesdienste genutzt:
Friedland (14. Jh.), Kreis Bartenstein,
Lasdehnen/Haselberg (1877), Kreis Pillkallen,
Mehlauken/Liebenfelde (1846), Kreis Labiau,
Palmnicken (1906), Kreis Fischhausen,
Paterswalde (1877), Kreis Wehlau,
Pelleningken/Strigengrund (1892), Kreis Insterburg,
Ragnit (1772), Kreis Tilsit-Ragnit,
Rauschen (1907), Kreis Fischhausen,
Rossitten (1873), Kreis Königsberg,
Tapiau (16. Jh.), Kreis Wehlau.

Hinzu kommen die evangelisch-reformierte Kirche in Pillau (1866), die reformierte Kirche in Insterburg (1735), die altlutherische Kreuzkirche in Gumbinnen (1926) und die katholische Kirche in Stallupönen/Ebenrode (1927).

Die älteste kirchliche Gemeinschaft im Gebiet nach 1948 sind die Baptisten; sie wurden am 14. Juli 1967 registriert. Ihre Gemeinde benutzt ein Gebäude am nördlichen Stadtrand Königsbergs, das früher kein kirchliches Bauwerk war.

An Einfluß in unserem Gebiet gewann die Katholische Kirche. Die erste Gemeinde wurde am 6. August 1991 registriert. Aber die fehlende Bereitschaft der örtlichen Administration, ihr ehemals katholische Kirchen in Königsberg zu übergeben wie auch ein starker Widerstand der Orthodoxen Kirche erschweren ihre Arbeit erheblich.

In Königsberg wurde der katholischen Gemeinde 1993 die katholische St. Adalbert-Kirche zugesprochen. Die Gemeinde konnte das Gebäude allerdings nicht in Besitz nehmen, da es von einem staatlichen wissenschaftlichen Institut genutzt wird und dieses sich beharrlich weigert, das Gebäude zu räumen. Die verfügte Rückgabe des Gebäudes wurde dann wieder aufgehoben und der Gemeinde ein Grundstück angeboten. Die Gemeinde plant nun den Bau einer neuen Kirche.

Ebenso erfolglos blieben alle Bemühungen, die ehemalige katholische Kirche Zur Heiligen Familie (1907), in der sich jetzt die Städtische Philharmonie eingerichtet hat, zugesprochen zu bekommen. Schließlich nahm die katholische Gemeinde Anfang 1994 eine aus Deutschland gespendete Fertigteilkirche, die am Pregelufer im Stadtteil Sackheim aufgebaut wurde, als Kapelle Zur Heiligen Familie in Gebrauch. Im selben Jahr wurde den Katholiken die frühere katholische Kirche in Insterburg (1902) und die erhalten gebliebene Kapelle in Groß Skaisgirren (Kreuzingen), Kreis Elchniederung, übergeben. In der Stadt Ragnit gab man der katholischen Gemeinde einen Raum in der ehemaligen evangelischen Kirche (1772). In Tilsit wird von den Katholiken an der Stelle der im Jahre 1983 gesprengten katholischen Kirche (1851) eine neue Kirche errichtet.

Die am 4. Dezember 1991 registrierte Deutsche Evangelisch-Lutherische Kirche Königsbergs stieß auf ähnliche Probleme. Alle ihre Bemühungen, in Königsberg eine der erhalten gebliebenen Kirchen zu bekommen – die Kirche in Rosenau, in der sich das Lager eines benachbarten Unternehmens befand, und die Kirche in Ponarth, die zu jener Zeit als Sporthalle genutzt wurde –, verliefen erfolglos. Später wurden diese beiden Kirchengebäude der Orthodoxen Kirche übergeben. Um Konflikte mit den Behörden zu vermeiden, mietete die Gemeinde vorübergehend eine Räumlichkeit in dem früheren Gemeindehaus der Kreuzkirche, das sich in der Hand der Orthodoxen Kirche befindet. Später zog man dann zum Vasilevskij-Platz um, wo ebenfalls ein Raum gemietet wurde. Gegenwärtig werden die Gottesdienste in einem Saal des Kinos „Pobeda" (deutsche Übersetzung: Sieg) abgehalten. Die Gemeinde bemühte sich dann nicht weiter intensiv um eine Rückübertragung einer früheren evangelischen Kirche und entschied sich für den Neubau eines Evangelischen Gemeindezentrums. Der Grundstein hierfür wurde am 6. Dezember 1996 gelegt, das Richtfest am 8. September 1997 gefeiert.

Die evangelisch-lutherische Gemeinde in Königsberg verfügt allerdings über die aus dem 15. Jahrhundert stammende Kirche in Mühlhausen, Kreis Preußisch Eylau. Diese Kirche, die zuvor Lagerraum war, ist inzwischen geräumt, gesäubert und wird nun wiederhergestellt.

In Gumbinnen wurde der evangelisch-lutherischen Gemeinde die Salzburger Kirche (1840) übergeben, die jedoch einer grundlegenden Renovierung bedurfte. Diese wurde in den Jahren 1994/1995 vorgenommen. Hierbei erfuhr die sich aus Rußland-deutschen zusammensetzende Gemeinde umfangreiche Hilfe aus Deutschland.

Große finanzielle Unterstützung von außen erhielt auch die 1991 registrierte Neuapostolische Kirche in Königsberg. Ihr wurde die Kirche in Neuhausen, Kreis Königsberg, aus dem 14. Jahrhundert übergeben, die sich in einem katastrophalen Zustand befand. Bereits nach anderthalb Jahren war die Restaurierung dieser Kirche abgeschlossen. Die Arbeiten wurden von litauischen Bauarbeitern durchgeführt. Im Dezember 1993 wurde sie eingeweiht.

Wenn die Probleme der erhalten gebliebenen Kirchen Königsbergs und anderer Städte des Gebietes auch irgendwie gelöst werden und die Aufmerksamkeit der Gesellschaft auf sich ziehen, so sind die Aussichten für den Wiederaufbau der ländlichen Kirchen äußerst gering. Hauptursache für ihren trostlosen Zustand sind die baufälligen Dächer, die während der fünfzig Nachkriegsjahre praktisch nicht ausgebessert und daher vollkommen unbrauchbar wurden. Zum größten Teil fehlen sie sogar ganz. Das kann dazu führen, daß es schon in fünf bis sechs Jahren gar nichts mehr zu restaurieren gibt.

In der Öffentlichkeit des Gebietes versuchen heute Einzelpersonen und kleine Gruppen, die Aufmerksamkeit der Gebietsverwaltung auf die Probleme dieser Denkmäler zu lenken. Über den erbärmlichen Zustand der Kirchen unseres Landes haben andere und ich in den vergangenen Jahren mehrfach im Fernsehen berichtet und in den Zeitungen geschrieben. Ich muß hier leider eingestehen, daß wir bisher praktisch nichts bewirkt haben. Unser Einfluß auf die Entwicklung tendiert gegen Null. Eine wesentliche Ursache ist die noch überall tief in unseren Menschen verwurzelte sowjetische Mentalität. Unwissen, Desinteresse, Inkompetenz und Verantwortungslosigkeit prägen das Verhalten einzelner wie auch die Einstellung der Behörden diesen Problemen gegenüber. Hinzu kommt, daß der Staat – selbst wenn er diesem Kulturerbe gegenüber eine wohlwollende Einstellung hätte – infolge der wirtschaftlichen Krise kaum Möglichkeiten hat, die Situation rasch in den Griff zu bekommen. Dabei wäre aber nur er imstande, solche Projekte finanziell zu unterstützen. Das Problem wird durch den fast vollständigen Mangel an Fachleuten im Gebiet und eine fehlende, aber für eine effiziente Restaurierung dringend notwendige Infrastruktur noch drastisch verschärft.

Die Bemühungen einer privaten russischen Firma, bei der Restaurierung der Kirche in Tharau

(14. Jh.), Kreis Preußisch Eylau, als Sponsor finanzielle Hilfe zu leisten, endeten bereits, nachdem gerade erst die vorbereitenden Arbeiten durchgeführt waren. Die Mittel waren erschöpft. Die Möglichkeiten, russische Wirtschaftskreise für Projekte dieser Art zu interessieren, müssen als äußerst gering betrachtet werden.

Was Deutschland betrifft, so fehlt eine gebündelte und koordinierte Hilfe von dieser Seite so gut wie ganz – dort hat man genug eigene Probleme. Es soll freilich nicht verschwiegen werden, daß es einige wenige Projekte gibt, die auf unterschiedliche Weise eine finanzielle Unterstützung aus Deutschland erhalten. So ist mit großem ideellem und finanziellem deutschem Engagement die Salzburger Kirche in Gumbinnen wiederaufgebaut worden. Sie konnte 1995 eingeweiht werden. Restauriert werden zur Zeit mit deutschen Mitteln die Kirchen in Mühlhausen, Kreis Preußisch Eylau, und in Heinrichswalde, Kreis Elchniederung. Geplant ist auch, die Erhaltung und Restaurierung der Kirche in Arnau (14. Jh.) zu unterstützen. Hierbei handelt es sich um eine der ältesten Kirchen in Preußen. An diesem Projekt eines deutschen Vereins nimmt auch die russische Seite über einen in Königsberg bestehenden Verein teil.

Bei vielen der noch verbliebenen Kirchengebäude gibt es keinen realistischen Weg zur Rettung. Der Zerstörungs- und Zerfallsprozeß ist schon sehr weit vorangeschritten. Um ihn aufzuhalten, wäre in der dargelegten Situation die Errichtung wenigstens provisorischer Dächer dringend erforderlich. Anderenfalls verlieren wir bis zum Ende dieses Jahrhunderts die wichtigsten architekturgeschichtlichen Denkmäler dieses Landes.

Heute müßte es vor allem darum gehen, diejenigen Kirchen zu retten, die sich noch mit einem vertretbaren, möglichst geringen Aufwand erhalten bzw. restaurieren lassen. Aber selbst hierfür wären Millioneninvestitionen erforderlich. Konzentrieren müßte man sich auf die alten Kirchen aus der Ordenszeit, die für die Kulturgeschichte dieses Landes von so herausragender Bedeutung sind. Nach sorgfältiger Inaugenscheinnahme gemeinsam mit Architekten kämen hierfür meiner Ansicht nach die folgenden, noch relativ gut erhaltenen Kirchen in Frage:
Abschwangen (15. Jh.), Kreis Preußisch Eylau,
Allenau (14./15. Jh.), Kreis Bartenstein,
Allenburg (1405), Kreis Wehlau,
Almenhausen (14. Jh.), Kreis Preußisch Eylau,
Arnau (14. Jh.), Kreis Königsberg,
Domnau (14. Jh.), Kreis Bartenstein,
Heiligenwalde (14./15. Jh.), Kreis Königsberg,

Kumehnen (14. Jh.), Kreis Fischhausen,
Mühlhausen (14. Jh.), Kreis Preußisch Eylau, und
Tharau (14. Jh.), Kreis Preußisch Eylau.

Da jedoch für jede dieser Kirchen, abgesehen von den vielen Schwierigkeiten der praktischen Durchführung, wohl mehrere Millionen Mark Sanierungskosten zu veranschlagen wären, scheint auch dieses zur Zeit theoretisch noch machbare Minimum nur schwer erreichbar.

Es muß jedoch mit aller Klarheit gesagt werden: Wenn Russen und Deutsche jetzt nicht wenigstens den Versuch unternehmen, den noch verbliebenen geringen Teil des kulturellen Erbes Ostpreußens zu retten, verlieren wir alle gemeinsam die wichtigsten kulturgeschichtlichen Denkmäler dieses Landes. Und dies schon in wenigen Jahren. Da diese Kirchen Zeugnisse unserer gesamteuropäischen Kultur und Geschichte sind, ist ihre Rettung nicht nur eine Aufgabe von Russen oder Deutschen, sondern zugleich eine gesamteuropäische Aufgabe.

Anatolij Bachtin

Der vorstehende Text ist eine vollständig überarbeitete und aktualisierte Fassung des Beitrages von A. Bachtin in: „Ein schicklicher Platz?" Königsberg/Kaliningrad in der Sicht von Bewohnern und Nachbarn. Hrsg. von Friedemann Kluge, fibre Verlag, Osnabrück 1994. Überarbeitet von Gerhard Doliesen.

---

[1] Pastor Hugo Linck hat in seinen Erinnerungen über das kirchliche Nachkriegsleben der deutschen Kirchengemeinden berichtet und auch genaue Angaben über Pastoren, Mitarbeiter, Predigtorte usw. gemacht: Hugo Linck, Im Feuer geprüft. Berichte aus dem Leben der Restgemeinden nach der Kapitulation in und um Königsberg. Leer 1973; derselbe: Königsberg 1945-1948, 5. Aufl., Leer 1987.

[2] Der Leningradskij rajon (dessen Name inzwischen ein Anachronismus ist) liegt im Nordosten der Stadt und umfaßt die früheren Bezirke Maraunenhof, Kummerau, Devau und Kalthof.

[3] Der Autor zählt hier zu den Königsberger Kirchen auch die Kirchen in den kurz vor dem Zweiten Weltkrieg nach Königsberg eingemeindeten Orten Haffstrom, Metgethen, Neuendorf, Quednau und Seligenfeld. Diese Orte gehören auch in der Gegenwart zum Stadtgebiet.

Struktur der Dokumentationsseiten

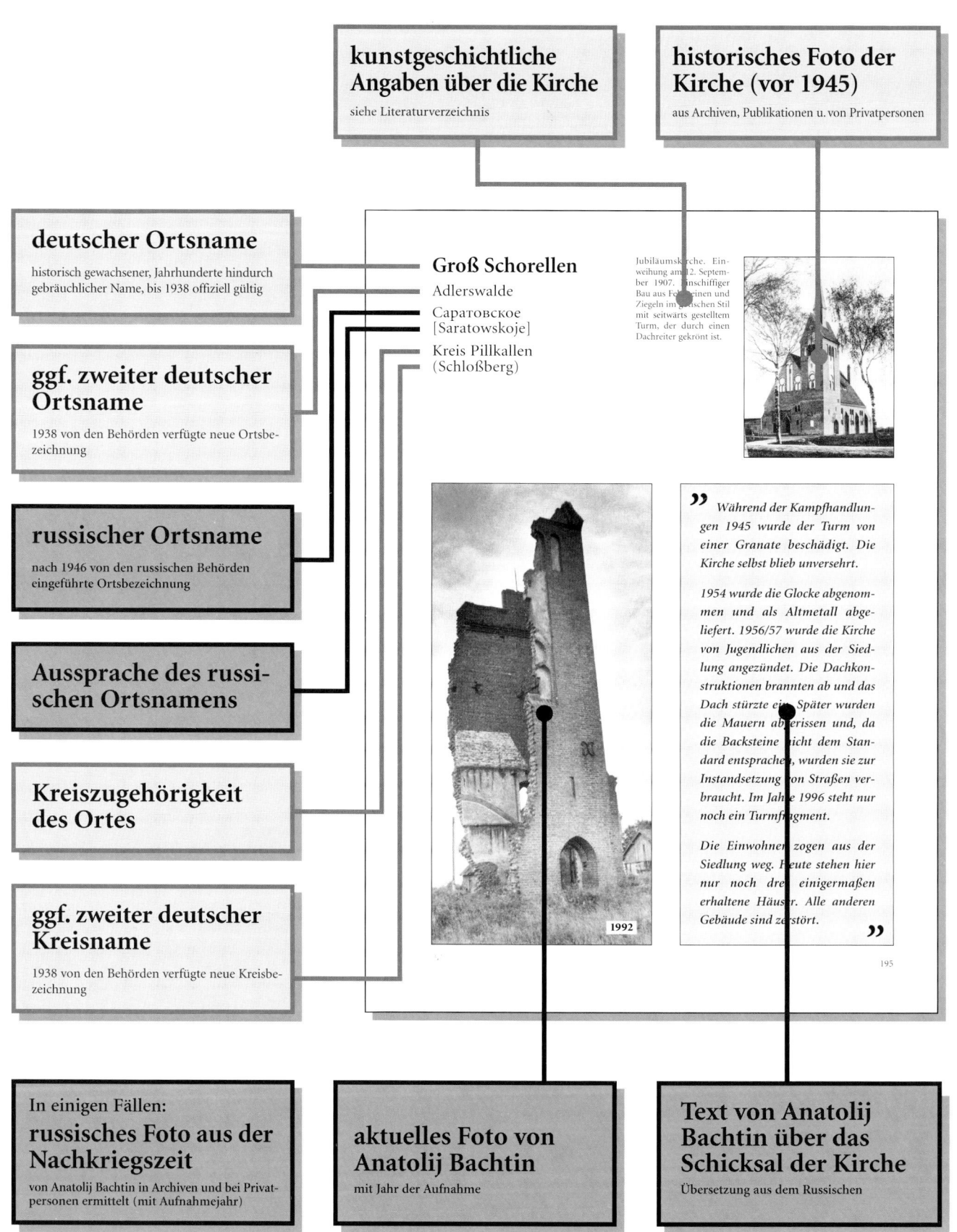

kunstgeschichtliche Angaben über die Kirche
siehe Literaturverzeichnis

historisches Foto der Kirche (vor 1945)
aus Archiven, Publikationen u. von Privatpersonen

deutscher Ortsname
historisch gewachsener, Jahrhunderte hindurch gebräuchlicher Name, bis 1938 offiziell gültig

ggf. zweiter deutscher Ortsname
1938 von den Behörden verfügte neue Ortsbezeichnung

russischer Ortsname
nach 1946 von den russischen Behörden eingeführte Ortsbezeichnung

Aussprache des russischen Ortsnamens

Kreiszugehörigkeit des Ortes

ggf. zweiter deutscher Kreisname
1938 von den Behörden verfügte neue Kreisbezeichnung

Groß Schorellen
Adlerswalde
Саратовское
[Saratowskoje]
Kreis Pillkallen
(Schloßberg)

Jubiläumskirche. Einweihung am 2. September 1907. Einschiffiger Bau aus Feldsteinen und Ziegeln im gotischen Stil mit seitwärts gestelltem Turm, der durch einen Dachreiter gekrönt ist.

„ Während der Kampfhandlungen 1945 wurde der Turm von einer Granate beschädigt. Die Kirche selbst blieb unversehrt.

1954 wurde die Glocke abgenommen und als Altmetall abgeliefert. 1956/57 wurde die Kirche von Jugendlichen aus der Siedlung angezündet. Die Dachkonstruktionen brannten ab und das Dach stürzte ein. Später wurden die Mauern abgerissen und, da die Backsteine nicht dem Standard entsprachen, wurden sie zur Instandsetzung von Straßen verbraucht. Im Jahre 1996 steht nur noch ein Turmfragment.

Die Einwohner zogen aus der Siedlung weg. Heute stehen hier nur noch drei einigermaßen erhaltene Häuser. Alle anderen Gebäude sind zerstört. „

1992

195

In einigen Fällen:
russisches Foto aus der Nachkriegszeit
von Anatolij Bachtin in Archiven und bei Privatpersonen ermittelt (mit Aufnahmejahr)

aktuelles Foto von Anatolij Bachtin
mit Jahr der Aufnahme

Text von Anatolij Bachtin über das Schicksal der Kirche
Übersetzung aus dem Russischen

Dokumentation

Allenau

Поречье
[Poretschje]

Kreis Bartenstein

Kleiner chorloser Backsteinbau auf rund drei Meter hohem Feldsteinsockel. Ende des 14. Jahrhunderts/Anfang des 15. Jahrhunderts erbaut. Unter der Tünche alte Wandmalereien. Zwei Abendmahlsengel von Ludwig von Schimmelpfennig in der Sakristei.

> *Ein Einschuß im oberen Teil des Turmes und eine gewaltige Bresche im Giebel der Kirche zeugen davon, daß die Kirche während des Krieges Artilleriebeschuß ausgesetzt war. Nach dem Kriege wurde die Kirche als Lagerhalle genutzt. In den 80er Jahren gingen Dachziegel kaputt und die Kirche verfiel schnell.*
>
> *Zustand 1989: Der Turm ist praktisch unversehrt (mit Ausnahme eines Einschusses und der Spur eines Streifschusses an der Südseite). Die Wetterfahne und das Kreuz auf dem Turm sowie das Kreuz auf dem Ostgiebel sind erhalten. Die Sakristei ist zerstört. Durch herabfallende Ziegel wurden die Wände beschädigt. Die Strebepfeiler sind unversehrt.*
>
> *Seit 1994 wird die Kirche nicht mehr genutzt. Sie befindet sich in einem vernachlässigten Zustand, genauso wie die gesamte Siedlung. Es wurde ein neues Geschäft gebaut, das überhaupt nicht zur Architektur der Siedlung paßt.*

1994

Auglitten

Прогресс
[Progress]

Kreis Bartenstein

In schöner Lage auf einem nach Osten und Süden steil abfallenden Geländevorsprung an dem Fluß Alle gelegener chorloser Backsteinbau, nach 1450 erbaut. 1702 wurde der Turm durch Blitzschlag zerstört und durch einen mit Holz verschalten Aufsatz ersetzt.

> *Einwohner des Ortes behaupten, daß sowohl der Turm als auch die Kirche selbst im Krieg zerstört wurden. Bei einer Besichtigung entstand der Eindruck, daß zumindest das Dach des Kirchenschiffes noch lange erhalten blieb, auch wenn der Turm während der Kampfhandlungen zerstört worden sein mag.*
>
> *Zustand 1990: Die Kirchenmauern, der Ostgiebel und die Strebepfeiler sind erhalten, Turm und Dach aber völlig zerstört. Im Inneren des Kirchenschiffes wachsen Bäume und Sträucher.*
>
> *Zustand 1996: Keine Veränderungen. Das Pfarrhaus ist nach wie vor unversehrt. Die Siedlung ist nicht schlecht erhalten.*

1992

Böttchersdorf

Севское
[Sewskoje]

Kreis Bartenstein

Saalbau aus Backsteinen und Findlingen ohne Chor mit Westturm, in
zwei Bauabschnitten um 1400 und
Anfang des 16. Jahrhunderts errichtet. Das Innere ist schlicht mit
Korbbogendecke und macht den
Eindruck einer Bauernkirche.

> " *Die Kirche war 1946 unversehrt. 1964 war sie noch in sehr gutem Zustand und wurde als Lager-halle genutzt. Ab 1986 begann sie zu verfallen, da das Ziegeldach zerstört war.*
>
> *1989 begann die Ortsverwaltung mit der Zer-störung der Kirche. Nur der Turm mit Wetterfahne und Wetterhahn, Wandfragmente und die Ost-wand ohne Giebel blieben erhalten. Das Dorf befin-det sich in einem verwahrlosten Zustand.* "

1987

1994

Deutsch Wilten

Ермаково
[Jermakowo]

Kreis Bartenstein

Rechteckiger Ziegelbau ohne Turm mit einer Vorhalle, 1846 auf ordenszeitlichen Fundamenten errichtet. Der gotische Bestand der Mauern ist von innen noch deutlich zu erkennen; das Untergeschoß des Turms ist zur Vorhalle geworden.

" *Die Kirche war nach dem Krieg unversehrt. Sie wurde als Lagerhalle genutzt, weshalb im Anbau im Westen die Tür verbreitert und im Süden ein Fenster durchgebrochen wurde, das man aber später wieder grob zumauerte. In der Kirche war bis 1994 die Schulturnhalle untergebracht, jetzt befindet sich dort wieder eine Lagerhalle.*

1988 war die Kirche ziemlich gut erhalten, hatte ein neues Asbestzementplattendach und verglaste Rundbogenfenster.

1996 hat sich am Zustand nichts verändert. Besonders interessant ist die Ostwand, an der sehr deutlich das alte Mauerwerk zu erkennen ist. Der Glockenturm ist nicht erhalten. "

1993

Domnau

Домново
[Domnowo]

Kreis Bartenstein

Erste Kirche 1321 erwähnt. Die heutige Pfarrkirche: ein chorloser Backsteinbau mit zweijochiger Sakristei im Norden, mit der Vorhalle im Süden und einem in den Baukörper einbezogenen Turm im Westen. Erwähnenswerte Ausstattung: Gnadenstuhl, Gottvater auf einer Bank sitzend, trägt quer auf den Händen den puppenhaft kleinen Christus; um 1425. Reicher Altar auf gotischer Mensa, Kreis des Isaac Riga. In Domnau geboren wurde der evangelische Pastor und Kirchenliederdichter Georg Weissel (1590-1635). Von ihm stammt u. a. der Text des noch heute gesungenen Adventsliedes „Macht hoch die Tür, die Tor macht weit", entstanden im Jahre 1642.

> „Die Kirche wurde im Kriege nicht in Mitleidenschaft gezogen, sie ist praktisch unversehrt und wird als Getreidespeicher genutzt. Das Dach ist mit Asbestzementplatten gedeckt, die schon abbröckeln. Die südliche Vorhalle wurde abgerissen und das Turmportal als Autoeinfahrt verbreitert. Auch im Osten wurde die Wand durchgebrochen und ein Tor eingebaut. Im Norden ist eine Gruft angebaut und auch auf dem Hügel, auf dem die Kirche steht, sind einige ausgeraubte und zerstörte Grüfte.
>
> Wenn man die Kirche durch den Turm betritt, so trifft man innen rechts und links auf steinerne Epitaphien. Das rechte Epitaph wurde Anfang der 80er Jahre zerschlagen; man sagt, daß dahinter Dokumente gefunden wurden. Die Kirche selbst ist durch eine Decke in zwei Etagen geteilt, in denen Getreide gelagert wird. In der „zweiten" Etage ist an der Wand gut die alte Bemalung erkennbar.
>
> Im Jahre 1994 begannen kleinere Renovierungsarbeiten, die von deutscher Seite subventioniert werden. Das Dach wurde teilweise repariert und in der zweiten Etage des Turmes eine kleine provisorische Kapelle eingerichtet. Der Friedhof, der um die Kirche herum lag, ist nicht erhalten.
>
> Das Stadtzentrum zwischen Marktplatz und Bergstraße ist zerstört. Das benachbarte Stadtviertel ist mit neuen Häusern bebaut. Erhalten sind der Wasserturm, eine Mühle und ein Straßenabschnitt, an dem sich das Krankenhaus, eine Schule, die Post und das Kreisgericht befinden. Das Rathaus ist nicht erhalten."

1994

Friedland

Правдинск
[Prawdinsk]

Kreis Bartenstein

Pfarrkirche St. Georg, 14. Jh., über dem Fluß Alle, inmitten eines schönen Baumbestandes gelegen. Die Kirche ist eine dreischiffige Basilika mit fensterlosem Mittelschiff mit sieben Jochen, zweijochiger Sakristei und zwei gekuppelten Kapellen im Norden, Vorhalle und Kapelle im Süden sowie vorgelegtem sechsgeschossigem Turm im Westen aus Backstein. Das Innere durch die schlanken Raumverhältnisse und den Reichtum der Ausstattung sehr eindrucksvoll. Der Altar (1686) wurde zusammen mit zwei Prunkbeichtstühlen von Isaac Riga gearbeitet.

„ *Nach dem Krieg war die Kirche völlig unversehrt, aber 1948 wurde sie in einer einzigen Nacht vollständig ausgeraubt. 1959 wurde eine Vermessung der Kirche durchgeführt und das Gebäude wurde staatlich erfaßt. 1961 wurde sie noch einmal gründlich besichtigt und am 14.10.1961 der Konsumgenossenschaft des Kreises als Lager übergeben.*

Da keinerlei Reparaturen durchgeführt wurden, begannen die Dachziegel teilweise herunterzufallen, Feuchtigkeit drang in das Mauerwerk ein und an der Nordseite begann der Zerfall. Der obere Mauerteil des Anbaus befindet sich in einem katastrophalen Zustand.

1986 beschlossen die örtlichen Behörden, die Kirche instand zu setzen. Bei einer Besichtigung wurden in einer Kugel Dokumente und Münzen gefunden, die sich heute im städtischen Museum befinden. Die Kirche wurde dann 1992 der Russisch-Orthodoxen Kirche übergeben. Die Instandsetzungsarbeiten begannen 1991 und dauern bis heute an. „

1993

Georgenau

Рощино
[Roschtschino]

Kreis Bartenstein

Aus der vorreformatorischen Zeit stammen noch der Westturm und Teile der Umfassungswände. Der rechteckige, chorlose Bau aus Feldsteinen und Ziegeln ist ein Werk des 19. Jahrhunderts mit deutlichem Einfluß der Schinkel-Schule.

1993

1993

> *Einwohner des Ortes vermuten, daß der obere Teil des Kirchturms während des Krieges zerstört wurde.*
>
> *Die Kirchenmauern wurden abgetragen und die Backsteine als Baumaterial verwendet.*
>
> *Zustand 1988: Der Turm war ohne Helm erhalten und der Sockel des Schiffes aus Findlingen war zu erkennen. 1996 hatte sich der Zustand nicht verändert. Die Siedlung besteht aus einzelnen erhaltenen Häusern.*

Klein Schönau

Октябрьское
[Oktjabrskoje]

Kreis Bartenstein

Die Kirche wurde 1887 eingeweiht.

1993

"
Die Kirche hat wahrscheinlich schon während der Kampfhandlungen geringfügig Schaden genommen. Danach wurde sie von Militärangehörigen teilweise abgerissen.

Zustand 1996:
Von der Kirche sind der Turm mit beschädigtem Helm und der Westgiebel erhalten. Die Siedlung befindet sich in einem sehr verwahrlosten Zustand.
"

Schönbruch

Широкое
[Schirokoje]

Kreis Bartenstein

Verputzter rechteckiger Feldsteinbau mit vorgelegtem Westturm aus Ziegeln. Baubeginn Anfang des 15. Jahrhunderts, später mehrfach erweitert und umgebaut und mit dreiseitigem Ostabschluß ergänzt. Neuer Altar 1691 von Johann Christoph Döbel in Königsberg. Doppelgrabstein Georg von der Groeben (gest. 1618), auf vertieftem Grund die Reliefgestalten des Ehepaars, freier und ausdrucksvoller als der Durchschnitt.

> „ *Diese Ortschaft wurde nach dem Kriege durch die russisch-polnische Grenze in zwei Teile geteilt. Auf russischer Seite heißt die Siedlung Schirokoe. Hier wohnt keine Zivilbevölkerung, sondern es existiert nur eine Grenzwache.*
>
> *Nach dem Krieg war die Kirche unversehrt. Sie befand sich auf russischer Seite, direkt an der Grenze, von Stacheldraht umgeben. Die Polen schlugen vor, die Grenze etwas zu verschieben, um die Kirche für ihre Einwohner nutzen zu können, aber die sowjetischen Behörden waren nicht einverstanden. Um diese Frage aus der Welt zu schaffen, begann man 1974 die Kirche zu zerstören.*
>
> *Heutzutage sind nur noch kleine Fragmente der Mauern und des Turmes übriggeblieben. Auf der Südseite sind bis zu zwei Meter hohe Mauern und der Spitzbogeneingang erhalten. Daneben existiert noch ein Eingang mit einem Rundbogen. Der Chor ist praktisch nicht mehr vorhanden; sogar der Fußboden wurde abgetragen, so daß die Kellergewölbe sichtbar sind. Vor dem Eingang steht noch ein Epitaph mit der Darstellung eines Ritters und einer Frau. Die Kirche und den zu ihr gehörenden Friedhof umgeben alte Kastanien und Linden.*
>
> *Der Friedhof selbst ist zerstört, überall liegen umgestürzte Grabsteine und umgekippte Kreuze. Der zweite Friedhof - auf der gegenüberliegenden Straßenseite - bietet mit seinen zerstörten und entweihten Gräbern ebenfalls einen traurigen Anblick.* „

1993

Schönwalde

Снегирёво
[Snegirjowo]
Kreis Bartenstein

Chorloser Saalbau aus dem Jahr 1790 mit hölzernem Dachreiter und Glockenhaus. Das Gotteshaus wurde auf der Stelle einer Ordenskirche errichtet, die schon Ende des 14. Jahrhunderts bezeugt ist. Ein Weihwasserbecken aus Granit und einige Holzschnitzereien blieben aus der frühen Zeit erhalten.

„ Bis 1974 war diese Ortschaft bewohnt, dann wurde sie als „perspektivlos" aufgegeben. Die Bauern wurden in ein anderes Dorf umgesiedelt. Die Gebäude in Schönwalde wurden abgerissen. Von der Kirche ist nichts übriggeblieben, vom Gut sind nur noch das Fundament und Mauerreste vorhanden. „

1997

Stockheim

Зайцево
[Sajzewo]

Kreis Bartenstein

Chorloser rechteckiger Feldsteinbau mit Ziegeln, mit eingezogenem Westturm, in zwei Abschnitten zwischen 1400 und der zweiten Hälfte des 15. Jahrhunderts errichtet und später erweitert. Die Kanzel wurde wie die Holzdecke 1688 von dem Königsberger Maler Freser bemalt.

1987

1990

„ *Nach dem Kriege war die Kirche unversehrt, aber nach 1970 wurde sie allmählich von den Einwohnern des Ortes zerstört.*

Zustand 1990: Fragmente des Fundaments sind nur noch schwach erkennbar. Die neben der Kirche stehende Schule ist erhalten. Die Siedlung erstreckt sich zu beiden Seiten der Straße. „

Ballethen

Садовое
[Sadowoje]

Kreis Darkehmen
(Angerapp)

1767 errichteter Feldsteinbau mit Ziegelecken; die
beiden Glocken befinden
sich in dem hölzernen
Dachturm.

> *Die Kirche war nach dem Kriege unversehrt und wurde bis in die 70er Jahre von einem Betrieb genutzt. Dann wurde sie abgerissen. Jetzt kann man nur noch mit Mühe das Fundament aus Findlingen erkennen.*
>
> *Die Fläche des alten Friedhofs dient heute erneut als Friedhof.*
>
> *Häuser aus der Vorkriegszeit gibt es in dieser Siedlung nur wenige; es wurden viele Neubauten errichtet.*

1995

Darkehmen

Angerapp

Озёрск
[Osjorsk]

Kreis Darkehmen (Angerapp)

Als Nachfolgerin früherer Kirchenbauten (1615, 1752) 1842 errichtet, im Stil von Schinkel beeinflußter verputzter Bau, mit Dachreiter von 1892 auf dem Turm. Der Innenraum, dreischiffig angelegt, hat an den Fensterseiten doppelte Emporen.

>> *Bei Kriegsende war die Stadt zu einem Drittel zerstört. Die völlig unversehrt gebliebene Kirche wurde in den Folgejahren jedoch nicht genutzt: Eingänge und Fenster vernagelte man. Da sich niemand um die bauliche Erhaltung kümmerte, verfiel das Ziegeldach; die Dachkonstruktion verrottete und die Mauern wurden schadhaft. Die Kirche wurde dann eingezäunt. Im Inneren konnte man noch die Konstruktion der Emporen sehen. Der Turm besitzt noch eine Glocke.*

Bis 1994 sah die Kirche ziemlich gut aus. Dann jedoch stürzte das Dach im Bereich des Turmes ein und bald darauf verwandelte sich das Gebäude in eine Ruine.

Gegenwärtig ist Darkehmen (heute Osjorsk) eine Kreisstadt - so schmutzig und vernachlässigt wie auch andere Städte des Gebiets. >>

1994

Groß Karpowen

(Karpauen)

Некрасово
[Nekrassowo]

Kreis Darkehmen
(Angerapp)

Das von Trempen 1847 abgetrennte Kirchspiel erhielt im Oktober 1860 eine kleine Kirche. Das Gebäude, 1898 eingeweiht, ist ein unverputzter Backsteinbau mit westlichem Turm.

> *1945 war die Kirche unversehrt. Sie wurde als Lagerhalle genutzt. Ihr Dach ist mit Asbestzementplatten neu gedeckt. Reste der Ziegelbedeckung sind auf dem Turm und oberhalb der Altarnische erhalten, nicht aber auf den Turmanbauten, weshalb dort die Dachkonstruktionen verrotteten. In die Südseite wurde eine große quadratische Öffnung geschlagen. Jetzt sind alle unteren Fenster und Öffnungen zugemauert, die oberen Fenster mit Brettern vernagelt. Der Allgemeinzustand des Gebäudes ist befriedigend. Seit 1995 wird die Kirche nicht mehr genutzt und verfällt.*

1994

Kleschowen

(Kleschauen)

Кутузово
[Kutusowo]

Kreis Darkehmen
(Angerapp)

1749 eingeweihter schlichter verputzter Saalbau ohne Turm. Der Innenraum hat ein Tonnengewölbe, an der Nord- und Südwand eingebaute Emporen.

> *Von der Kirche ist nur noch ein Mauerfragment an der Straße erhalten.*
>
> *In der Siedlung stehen noch das Schulgebäude und einige wenige Häuser.*

1990

Sodehnen

Красноярское
[Krasnojarskoje]

Kreis Darkehmen
(Angerapp)

Der schon 1913 von der Kirchengemeinde Ballethen abgezweigte Pfarrbezirk Sodehnen erhielt 1934 eine eigene Kirche.

>> *Nach dem Krieg war die Kirche praktisch unbeschädigt. Schon bald, in den Jahren 1948/49, begann man sie als Lagerraum für Kunstdünger zu nutzen. Ende der achtziger Jahre baute man das Gebäude völlig um und richtete in ihm eine Kantine ein. Diese befindet sich hier bis heute.*

Der Turm ist bis auf Dachfirsthöhe abgerissen, ein Teil der Fenster ist zugemauert. Im Norden hat man einen Raum angebaut. Das Dach ist mit Asbestzementplatten gedeckt. >>

1997

Trempen

Новостроево
[Nowostrojewo]

Kreis Darkehmen
(Angerapp)

Verputzter Backsteinbau mit chorlosem, dreiseitig geschlossenem Innenraum und blendengegliedertem Westturm, am 1. November 1695 eingeweiht; Turmbekrönung von 1792. Die bäuerlich tüchtige Ausstattung ist von einem Königsberger Bildhauer (1700).

> „Bis 1947 war die Kirche unbeschädigt. Danach schafften die Neuansiedler Heiligenbilder und Altarzubehör weg. 1961 befestigte ein besonders „prinzipienfester" Bürger ein Tau am Kreuz und zog es mit einem Traktor herunter. Damit setzte die aktive Zerstörung der Kirche ein. 1964 existierten von ihr nur noch Mauerreste.
>
> Der Friedhof wurde angeblich von Litauern geplündert, die die Marmorgrabsteine abtransportierten.
>
> 1978 versuchte man, den Hügel und die Überreste des Friedhofs mit einer Planierraupe einzuebnen, um dort einen Park anzulegen. Aber die gläubige Bevölkerung widersetzte sich.
>
> Die Siedlung ist in ziemlich gutem Zustand. Das Pfarrhaus, die Schule und das Denkmal für die im Ersten Weltkrieg Gefallenen sind erhalten, letzteres jedoch ohne Marmorplatte."

1995

Wilhelmsberg

Яблоновка
[Jablonowka]

Kreis Darkehmen
(Angerapp)

1725 erbaute Kirche aus Feldsteinen und Ziegeln mit
Fachwerkturm, 1828/29 umgebaut und erweitert. Bis
1832 Simultankirche für Reformierte und Lutheraner.

> „   Die Kirche war nach dem Zweiten Weltkrieg unversehrt und wurde als Anlage zum
> Getreidetrocknen genutzt. Der Fachwerkturm existiert nicht mehr. Die Kirche be-
> findet sich insgesamt in keinem schlechten Zustand. Die Seitentüren und alle Fenster
> sind mit Brettern vernagelt. Neben dem Haupteingang stehen Getreidetrocknungs-
> aggregate. An den Seiten wurden hölzerne Anbauten angebracht. 1994 gab man die
> Anlage auf; seitdem wird die Kirche nicht weiter genutzt.
>
> Neben der Kirche steht ein hübsches Häuschen. Wahrscheinlich handelt es sich um das
> Pfarrhaus. Die Siedlung ist sehr verwahrlost, sieht aber bei sonnigem Wetter ziem-
> lich malerisch aus. „

1994

Cranz

Зеленоградск
[Selenogradsk]

Kreis Fischhausen

1897 wurde nach zweijähriger Bauzeit eine neue Kirche eingeweiht, ein geräumiger Bau aus Rohziegeln im gotischen Stil mit einem Turm, einem breiten Querhaus und einem gerade geschlossenen Chor.

1992

„ *Selenogradsk hat Kreisstadtstatus und ist ein sehr bedeutender Kurort. In dieser Gegend fanden während des Zweiten Weltkrieges keine Kampfhandlungen statt. Die Kirche blieb unversehrt und diente nach dem Kriege verschiedenen Organisationen als Lagerhalle. Durch den Beschluß Nr. 123 vom 11.10.1957 wurde die Kirche der Selenogradsker Fischereigenossenschaft übertragen, die sie als Lagerhalle nutzte.*

Seit 1990 dient die Kirche als Sporthalle. In der gesamten Nachkriegszeit wurde nur der kleine Choranbau zerstört. Das Dach ist stellenweise mit Asbestzementplatten gedeckt. Die Orthodoxe Kirche wollte hier eine Gemeinde gründen, was ihr aber bis jetzt noch nicht gelungen ist. „

Fisch- hausen

Приморск [Primorsk]

Kreis Fischhausen

Backsteinbau aus der ersten Hälfte des 14. Jahrhunderts, im 19. und 20. Jahrhundert stark renoviert. Die vor dem Eingang angebrachten lebensgroßen Terrakottafiguren des Heiligen Adalbert, des Bischofs Georg von Polentz und Christi (später in Bronze erneuert) waren Geschenke König Friedrich Wilhelms IV. Der Altarschrein stammt aus dem Jahre 1606; im Mittelbild wird die Dreieinigkeit gezeigt, darüber die zehn klugen und die zehn törichten Jungfrauen. Die Orgelempore wurde um 1580 eingezogen. Die Orgel ist ein Werk von Zeickermann aus dem Jahre 1616. Im Dachboden befinden sich Reste großartiger Wandmalereien um 1500.

"" *Obwohl Primorsk den Status einer Stadt besitzt, ist es in Wirklichkeit nur der Schatten einer Stadt. Während der Kämpfe gegen Ende des Zweiten Weltkrieges im Samland wurde Fischhausen stark zerstört.*

Besonders schweren Schaden nahm das alte Zentrum mit der Kirche. Ihr Skelett stand bis ungefähr 1961. Damals fuhr Nikita Chruschtschow, Erster Sekretär des Zentralkomitees der Kommunistischen Partei der Sowjetunion, mit seinem Gefolge nach Pillau (Baltijsk), um an Bord eines Kriegsschiffes nach England zu reisen. Damit die Ruinen nicht die großartige Landschaft verschandelten, befahl die Stadtverwaltung, sie dem Erdboden gleichzumachen, was auch geschah.

Jetzt kann man den ehemaligen Standort der Kirche nur noch aufgrund einer Eiche bestimmen, die einst vor der Kirche stand. ""

1993

Germau

Русское [Russkoje]

Kreis Fischhausen

Die Kirche war ein Teil einer Burg des Deutschen Ordens. Die später zum Chor der Kirche umgestaltete Kapelle war der ursprüngliche gottesdienstliche Raum, erweitert um den Remter. Um Chor und Schiff ist noch der alte Wehrgang erhalten. Baumaterial: bis zur Höhe des Wehrgangs Feldstein, darüber Ziegel unter dickem Putz. 1939 konnten Waldmalereien freigelegt werden, deren Entstehungszeit zwischen 1340 und 1360 angesetzt wird. Die Orgel von 1767 ist ein Werk Adam Gottlob Casparinis.

> „ Kurz vor Kriegsende fanden in der Gegend von Germau erbitterte Kämpfe statt, unter denen das Dorf und die Kirche stark litten.
>
> 1988 stand von der Kirche nur noch ein Teil der Ostmauer des Chores, an der Spuren von Kugel- und Geschoßeinschlägen zu sehen waren. Kirchenschiff und Turm waren nicht mehr erkennbar. An der Stelle, an der sich früher die Kirche befunden hatte, wurde in den 70er Jahren Schotter gewonnen. In die mächtigen Keller ist man dabei offensichtlich nicht vorgedrungen. An der Südseite wurden in verwildertem Gebüsch ein quadratischer Taufstein und eine Grabplatte mit lateinischer Inschrift gefunden. Wenn man das Gelände aufmerksam betrachtet, kann man noch Fundamente der Schloßmauern und der Vorburg erkennen.
>
> In der Siedlung selbst stehen noch zehn bis zwölf deutsche Häuser; an der Straße nach Heiligenkreutz wurden einige neue Häuser gebaut. Nördlich der Straße wurde ein den sowjetischen gefallenen Soldaten gewidmetes Mahnmal errichtet, eines der größten im Gebiet.
>
> 1993/94 wurden Konservierungsarbeiten an den Überresten der Kirche vorgenommen und der Friedhof in Ordnung gebracht. Nahebei befindet sich jetzt ein Denkmal für die deutschen Gefallenen. Alle Arbeiten wurden aus Mitteln finanziert, die von deutscher Seite gesammelt wurden. "

1994

Groß Kuhren

Приморье
[Primorje]

Kreis Fischhausen

Tochterkirche von Heiligen-kreutz. 1915 eingeweiht, aus rotem Backstein erbaut, ihr Stil ist dem Neugotischen angenähert.

> Während der Kampfhandlungen auf der Halbinsel Samland 1945 blieb die Kirche in Groß Kuhren unversehrt. Zuerst wurde sie vernachlässigt, später aber als Kultur-haus eingerichtet. Südlich vor ihr wurde eine Leninbüste aufgestellt. Das Dach wurde mit Asbestzementplatten gedeckt. Auf der West- und Südseite existieren einige ver-putzte Anbauten aus den 70er Jahren. Heute dient die Kirche als Tanzsaal.
>
> Die Siedlung befindet sich heute in einem relativ guten Zustand. Viele Häuser wurden aber wegen fehlender Pflege unbrauchbar und mußten abgerissen werden, unter ihnen auch die Baptistenkapelle in der Nähe der Kirche. Für Urlauber wurden ein Erholungsheim und Touristenherbergen gebaut.

1994

Großheidekrug

Взморье
[Wsmorje]

Kreis Fischhausen

Unverputzter Ziegelbau von 1931, dessen Innenraum durch die Verbindung mit dem Gemeindehaus vergrößert werden kann.

> „ Während der Kampfhandlungen 1945 wurde die Kirche stark beschädigt. Die Ruine stand noch bis 1948. Dann wurde sie zur Gewinnung von Mauersteinen abgetragen. Man kann auf dem zugewachsenen, schmutzigen Grundstück die noch erhaltenen Eisenbetonkonstruktionen erkennen.
>
> Heute ist die Siedlung Zentrum eines Fischereikolchos. Sie hat sich stark vergrößert, besitzt viele Neubauten und eine große Schule. "

1993

Heiligenkreutz

Красноторовка
[Krasnotorowka]

Kreis Fischhausen

Ziegelbau auf Steinfundament mit quadratischem Turm und gerade abgeschlossenem Chor. Älteste Teile aus der Mitte des 14. Jahrhunderts; ehemalige Wallfahrtskapelle.

> *Die Kirche war nach Kriegsende unversehrt und wurde zum Getreidetrocknen genutzt. In dieser Zeit wurde die große Glocke von den Einwohnern demontiert und als Altmetall abgeliefert. Der Altar war damals noch intakt. Nach 1950 wurde die Orgel entfernt und die Kirche als Freizeitklub genutzt. Aber wegen fehlender Pflege zerfiel die Kirche und der Klub mußte geschlossen werden.*
>
> *Ende der 60er Jahre zündeten Jugendliche aus dem Ort die Kirche an, die fünf Tage und fünf Nächte brannte; nach dem Brand wurde sie abgerissen. Im Jahre 1996 war nur noch eine ein Meter hohe Turmecke erhalten.*
>
> *Der Friedhof existiert nicht mehr. Es stehen nur noch wenige alte Häuser; es gibt viele Neubauten.*

1993

Kumehnen

Кумачёво
[Kumatschjowo]

Kreis Fischhausen

99 *Während der schweren Kämpfe um den Berg Galtgarben, der mehrfach von russischer wie deutscher Seite erobert wurde, nahm möglicherweise auch die zwei Kilometer nordöstlich davon liegende Kirche von Kumehnen Schaden. Auf einem Foto aus den 50er Jahren ist zu sehen, daß die Kirche praktisch unversehrt ist, nur das Ziegeldach des Turmes fehlt.*

1989: Die Kirche wird von der Landwirtschaft als Lagerhalle genutzt. Der Turm befindet sich in einem katastrophalen Zustand. Der südwestliche Anbau ist zerstört, an die gesamte Südmauer ist eine Scheune angebaut. In den Ostteil des Chores wurde eine quadratische Toreinfahrt für LKW gebrochen. Die Vorhalle im Norden ist abgerissen, die schöne gotische Tür vermauert. Die Sakristei ist nicht erhalten. An vielen Stellen fehlen Dachziegel, der Dachstuhl ist verrottet, die Nordwand des Chores zerfällt. Auch die nordöstliche Ecke des Kirchenschiffs verrottet, weil ein Wasserabfluß fehlt.

Seit 1994 ist die Kirche ungenutzt.

Das alte Dorfzentrum ist zerstört. Am Ortsrand, besonders im Osten, stehen viele Neubauten. 99

1390 selbständige Pfarrkirche. Einschiffiger Backsteinbau mit schmalerem, rechteckig geschlossenem Chor und vorgelegtem schmalem Westturm. Nord- und Südeingang symmetrisch in eigentümlichen Formen; Nordtür mit späterer Inschrift 1562. Vorhalle im Norden neu. Tonnengewölbte Sakristei Anfang 15. Jahrhundert. Reich behandelte Eingänge und prächtige innere Tür. Unter der Tünche Reste von mittelalterlichen Wandmalereien. Von der mittelalterlichen Ausstattung sind wertvolle Reste erhalten: Schrein mit Heiliger Sippe, im Aufsatz Kreuzigungsgruppe um 1510, Nähe zur Werkstatt des Veit Stoß.

1954

1994

57

Laptau

Муромское
[Muromskoje]

Kreis Fischhausen

Verputzter Feldsteinbau mit Ziegelecken aus dem 14. Jahrhundert; der Unterbau des Turmes aus Feldsteinen, die oberen Stockwerke aus Backsteinen. Die Innenausstattung hat eine reiche Überlieferung aus der Ordenszeit, u. a. einen Altarschrein nach Dürer-Vorlagen unter Einfluß der Schule Veit Stoß'. Der zweigeschossige geschnitzte Hauptaltar (Anfang des 17. Jahrhunderts) zeigt im Mittelbild die Kreuzigung. Sein reiches Schnitzwerk ist ebenso bedeutend wie das der wenige Jahrzehnte später entstandenen Kanzel.

1985

1992

" *Die Kirche war während der Kampfhandlungen des Zweiten Weltkrieges Artilleriebeschuß ausgesetzt. Der Turmhelm und das gesamte Dach wurden stark beschädigt. Spuren davon waren noch 1987 an der Ostseite des Turmes zu sehen.*

Nach dem Kriege wurde der Turm mit einem flachen geneigten Holzdach versehen. Auch das Dach von Schiff und Chor wurde umgebaut und der Dachfirst auf weniger als die Hälfte seiner ursprünglichen Höhe reduziert. Bis Februar 1987 war der Turm noch erhalten, die nördliche Vorhalle aber war zerstört. In die Ostwand des Chores war eine quadratische Öffnung gebrochen. Die Kirche wurde als Lagerhalle genutzt. Die Kirchenglocke hing an einem Baum neben der Verwaltung des Dorfsowjets.

Im Sommer 1988 wurde mit dem Abriß des Turmes begonnen und 1989 war dieser bis auf die erste Etage zerstört. Die Wände über dem Schiff und dem Chor wurden um ca. einen Meter erhöht. Im Frühjahr 1990 war der Umbau der Kirche zu einer Sporthalle abgeschlossen. Im Altarbereich sind die Nebenräume untergebracht. Auf dem zur Kirche gehörenden Grundstück wurden im Norden - auf dem alten deutschen Friedhof - der neue Friedhof der Übersiedler und im Süden ein Gemüsegarten angelegt. **"**

Lochstädt

Kreis Fischhausen

In der Ordenszeit wurde in Tenkitten dem Heiligen Adalbert eine Kapelle geweiht. Diese Kirche, der noch der Hochmeister Friedrich von Sachsen einen Altar gestiftet hatte, stürzte in der Mitte des 17. Jahrhunderts wegen Baufälligkeit ein. Der Gottesdienst wurde in die Kapelle des Ordensschlosses verlegt, einen gotischen Bau aus dem letzten Jahrzehnt des 13. Jahrhunderts, der besterhaltene Zierbau der älteren Ordensarchitektur. Ausgangsort für die Stilformen der Eingangstür war das Westportal der Elisabethkirche in Marburg.

" *Schon vor dem Zweiten Weltkrieg existierten vom Schloß nur noch der West- und der Südflügel. Während der erbitterten Kämpfe in diesem Gebiet im April / Mai 1945 wurde dann das Schloß und mit ihm die Schloßkapelle völlig zerstört.*

In der Nachkriegszeit wurden aus den zweigeschossigen Kellern des Südflügels die von den Deutschen dorthin ausgelagerten Werke von Christian Donalitius und andere Dokumente geborgen.

Wenn man den ehemaligen Standort des Schlosses besichtigt, kann man die Fundamente des Schlosses und seines Turmes noch gut erkennen. Im Dezember 1989 suchte eine Expeditionsgruppe der deutschen Zeitschrift „Der Spiegel" im Schloßkeller vergeblich nach dem Bernsteinzimmer. "

1989

Medenau

Логвино [Logwino]

Kreis Fisch-hausen

Wehranlage auf erhöhter Stelle, Feldsteinbau mit Ziegelecken, polygonalem Chorabschluß und Turm aus Ziegeln aus dem Anfang des 14. Jh. Zur Innenausstattung gehören neben dem kostbaren Hauptaltar zwei gotische Altaraufsätze an den Chorwänden. Die Mensa des Hauptaltars entstammt der Erbauungszeit, während der Aufsatz ebenso wie die Triumphbogenschranke auf 1704 zu datieren ist. Annen-Altar um 1520, Anlehnung an Dürer-Vorlagen. Die Orgel wurde 1693/94 gebaut. Die beiden Glocken wurden nach Aussage ihrer Inschriften 1521 gegossen.

> *Obwohl in der Nähe von Medenau (Logwino) erbitterte Kämpfe tobten, blieb die Kirche unversehrt. Sie existierte bis 1947: Bei einem Versuch, die Glocke abzunehmen, um sie als Altmetall abzugeben, brannte das Gebäude ab.*
>
> *In den 50er Jahren dann wurde die Kirche vom Militär gesprengt, um Baumaterial für die Ausbesserung von Straßen zu gewinnen.*
>
> *Bis heute sind drei Fragmente der Nordseite, ein Fragment des Turmes mit einem Storchennest darauf, ein Mauerteil mit dem Eingang aus der Vorhalle (die Vorhalle selbst ist nicht erhalten) und ein Mauerfragment des Chores mit dem Eingang aus der Sakristei erhalten.*
>
> *Ungefähr zwanzig Meter nördlich der Kirche steht noch ein Haus – offensichtlich das Pfarrhaus. Der Friedhof ist nicht erhalten. Die Siedlung hat im Kriege schwer gelitten, trotzdem stehen bis heute noch einige deutsche Häuser, die sich jedoch alle in einem verwahrlosten Zustand befinden. Die ehemalige Mühle ist völlig zerstört, aber zufällig erhalten blieben die fast neuen Mühlsteine.*

1992

Palmnicken

Янтарное
[Jantarnoje]

Kreis Fisch-
hausen

Die Kirche, eine Gründung des Geheimen Kommerzienrats Moritz Becker für die Angestellten des Bernsteinbergbaus, wurde 1892 eingeweiht. Es ist ein massiver Feldstein- und Ziegelbau mit spitzem Turm unter stilistischen Anklängen an die Georgskapelle im Garten des Schlosses Monbijou in Berlin.

„

Kirche und Siedlung waren nach dem Krieg gut erhalten. Bis 1989 stand die Kirche ungenutzt.

1990 – nach dem Beschluß , sie der Orthodoxen Kirche zu übergeben – beteiligten sich die Gemeindemitglieder aktiv an ihrer Instandsetzung. Im Mai 1990 wurde der erste Gottesdienst gefeiert.

Die Siedlung ist in keinem schlechten Zustand, aber ihr Anblick wird durch zahlreiche Zäune verdorben. Diese umgeben die Grundstücke, die zum Bernsteinkombinat gehören.

„

1994

Pillau
Garnisonskirche

Балтийск
[Baltijsk]

Kreis
Fischhausen

An der Stelle der von den Schweden erbauten ersten kleinen Holzkirche und einer 1658/60 vom Großen Kurfürsten neu erbauten Kirche wurde 1717 bis 1720 die Garnisonskirche errichtet, die nach einem Brand 1768 erneuert wurde: ein turmloser Backsteinbau im gotischen Stil auf kreuzförmigem Grundriß, im Innern durch Emporen mehr wie ein Rundbau wirkend; von der Decke herab hängt ein Votivschiff.

„ *Während der Kampfhandlungen wurde die Garnisonskirche auf dem Gelände der Festung beschädigt. In der ersten Hälfte der 60er Jahre stand das Erdgeschoß noch. Später, als die Überreste der Kirche stark zerfielen, wurden sie abgerissen.* „

1997

Pillau

Katholische Kirche

Балтийск
[Baltijsk]

Kreis Fischhausen

Die katholische Kirche Mariae Namen wurde 1909 geweiht.

> „ *Während des Zweiten Weltkrieges wurde die Kirche zerstört und nach dem Kriege abgerissen. Heute steht nur noch das frühere Haus des Pfarrers.* "

1997

Pillau
Reformierte Kirche

Балтийск
[Baltijsk]

Kreis Fischhausen

1685 wurde den Reformierten die Garnisonskirche zur Andacht eingeräumt, die sie mit den Lutheranern gemeinsam benutzten. 1866 erhielten die Reformierten eine eigene Kapelle aus rotem Backstein ohne Turm.

> *Während der Kampfhandlungen 1945 wurde der Giebel leicht beschädigt. Nach dem Kriege wurde die Kirche vom Militär als Lagerhalle genutzt. Am Nordgiebel ist bis heute die Wetterfahne in Gestalt eines Hahnes erhalten.*
>
> *1992 wurde das Gebäude der Orthodoxen Kirche übergeben.*

1997

Pillau

Vorreformatorische Kirche

Балтийск
[Baltijsk]

Kreis Fischhausen

> " *1945 wurde die Kirche beim Sturmangriff auf Pillau zerstört und nach dem Kriege abgerissen.*
>
> *In den 80er Jahren errichtete man an ihrer Stelle ein Fernmeldeamt (Flachbau im Vordergrund).* "

Breites, kurzes, in schlichtem Fachwerk ausgeführtes Langhaus ohne Turm, innen mit flach gewölbter Decke und unterseitig bemalten Emporen an der Süd- und Westseite. Die Gründung der Kirche erfolgte 1589 durch Markgraf Georg Friedrich von Brandenburg. Nach dem Brand 1657 wurde 1674 auf Befehl des Großen Kurfürsten erneut der Grundstein gelegt, 1676 konnte die neue Kirche eingeweiht werden. Der Altar von 1599 (Typ Fischhausen) zeigt im Mittelbild die Darstellung der Dreieinigkeit und die vier Evangelisten in den Feldern der geöffneten Flügel. Die Kanzel entstand um 1676 (wahrscheinlich Johannes Pfeffer). Die Orgel wurde 1751 von Adam Gottlob Casparini gebaut.

1997

Pobethen

РОМАНОВО
[Romanowo]

Kreis Fischhausen

Die Pfarrkirche aus dem 14. Jahrhundert ist eine der stattlicheren Dorfkirchen des Samlands. Verputzter Findlingsbau mit Backsteinrahmung. Bemerkenswerter Altar um 1600 (Typ Fischhausen) mit Kreuzigungsgruppe; beachtenswerte Gemälde von Daniel Rose.

> *1945 war die Kirche unversehrt. Danach wurde sie wirtschaftlich genutzt und seit den 80er Jahren wird hier Kunstdünger gelagert. Fehlende Pflege führte zum intensiven Verfall, zu dem auch die Bevölkerung des Ortes beitrug.*
>
> *1988 war der Turm bis auf die Höhe der Mauern des Kirchenschiffes abgerissen. Ein Dach befand sich nur noch über dem Chor und der einen Hälfte des Kirchenschiffes. Die Vorhalle war zerstört, die Sakristei und ein Anbau an den Chor aus einer späteren Periode befanden sich in einem katastrophalen Zustand. Durch die Ostmauer des Chores war für die Autodurchfahrt eine große quadratische Öffnung gebrochen worden. Die Gewölbe von Kirchenschiff und Chor waren eingestürzt.*
>
> *1990 wurde der Beschluß gefaßt, die Reste der Kirche der Orthodoxen Kirche zu übergeben. Innerhalb und außerhalb des Gebäudes wurde mit der Vorbereitung von Baumaßnahmen begonnen. Weil die offizielle Bestätigung der Übergabe ausblieb, wurden 1993 alle Arbeiten gestoppt und die Kirche aufgegeben. Sie gehört praktisch niemandem und verfällt weiter.*
>
> *Die Siedlung selbst ist sehr vernachlässigt, viele Häuser sind zerfallen, einige befinden sich in einem katastrophalen Zustand. Auf dem Gelände des ehemaligen Schlosses ist jetzt ein Friedhof angelegt, an der Südseite steht ein beschädigtes Denkmal für die im Ersten Weltkrieg Gefallenen. Eine Baptisten-Kapelle ist erhalten.*

1993

Rauschen

Светлогорск
[Swetlogorsk]

Kreis Fischhausen

Die Kirche, am 7. Juli 1907 eingeweiht, ist ein breiter, kurzer, in einen flach geschlossenen Chor auslaufender Bau, in gotischer Form.

> *Nach dem Krieg waren Siedlung und Kirche unversehrt. Einige Zeit war das Gebäude verlassen, dann wurde dort eine Sporthalle untergebracht. 1992 wurde es der Orthodoxen Kirche übergeben.*
>
> *Rauschen (Swetlogorsk) hat jetzt den Status einer Stadt. Es ist der am besten erhaltene Ort im Königsberger Gebiet. Aber auch hier wurden einige Häuser wegen Baufälligkeit abgerissen. Das Gebäude der Baptisten-Kapelle ist erhalten.*

1993

Rudau

Мельниково
[Melnikowo]

Kreis Fischhausen

Hochgelegener verputzter Feldsteinbau mit Fliehburgcharakter,
um 1330/50, nach der Erneue-
rung 1818 von nüchterner Wir-
kung. Die Ausstattung stammt
vorwiegend aus dem 17. Jahrhundert. An der Kanzelseite ist
die Rüstung des Ordensmar-
schalls Henning Schindekop
angebracht, der 1370 in der
Schlacht bei Rudau fiel.

> *Nach dem Kriege war die Kirche unversehrt. Die Übersiedler führten auf der Suche nach Meßwein Ausgra-*
> *bungen durch und stießen dabei auf tiefe, verschüttete Keller.*
>
> *Aus dem Beschluß des Primorsker Kreissowjets der Deputierten der Werktätigen vom 15. Juli 1949: „Der Vorsit-*
> *zende des Dorfsowjets von Melnikowo, Genosse Satejew, wird verpflichtet, die ehemalige deutsche Kirche der*
> *Erfassungs- und Aufkaufstelle für Getreide in Melnikowo zur Nutzung als Lagerhalle zu übergeben; der kommis-*
> *sarische Direktor der Getreideerfassungs- und Aufkaufstelle, Genosse Kosterin, wird verpflichtet, die Kirche zu*
> *übernehmen und unverzüglich mit der Renovierung zu beginnen".*
>
> *Bis in die 80er Jahre wurde die Kirche als Getreidetrocknungsanlage genutzt. Infolge fehlender Instandhaltung wurde*
> *das Dach undicht, es begann durchzuregnen und die Kirche wurde aufgegeben.*
>
> *1988 wurde auf dem an die Kirche angrenzenden Gelände eine Lagerhalle aufgestellt. Vom Friedhof ist nichts*
> *geblieben. Die Vorhalle der Kirche ist zerstört, nur die linke Mauer ist erhalten. Unter dem Backsteinschutt wurde*
> *eine Granitschale für Weihwasser gefunden. Die aus der Vorhalle in die Kirche führende Tür wurde abgenommen*
> *und 1990 dem Kunsthistorischen Museum Kaliningrad übergeben. Die Sakristei ist nicht erhalten, das Dach über*
> *dem Chor ist zusammengestürzt. Die Ziegel fallen herunter. Die Nordmauer ist in einem katastrophalen*
> *Zustand. Die Decke ist verrottet und an einigen Stellen eingestürzt.*

1994

St. Lorenz

Сальское
[Salskoje]

Kreis Fischhausen

> *Die Kampfhandlungen bei Ende des Zweiten Weltkrieges berührten diese Ortschaft nicht. Nach dem Kriege wurde die Kirche zur Aufbewahrung von landwirtschaftlichen Geräten genutzt. Da es keine Instandhaltungsmaßnahmen gab, setzte in den 70er Jahren der Verfall des Gebäudes ein.*
>
> *Bereits Anfang der 80er Jahre brach das Dach ein. 1988 befand sich die Kirche in einem traurigen Zustand: Die Hälfte des Turmes war abgerissen, an der Westseite war grob eine quadratische Tür durchgebrochen und an der Ostseite waren baufällige Schuppen angebaut. Das einzige, was die Kirche noch schmückte, waren West- und Ostgiebel.*
>
> *1993 stürzte der Westgiebel ein. Das Dach fehlte zu diesem Zeitpunkt bereits völlig.*
>
> *Das Dorf befindet sich in einem sehr verwahrlosten Zustand. Ein Teil der deutschen Häuser ist zerstört.*

Langer rechteckiger Bau aus Feldsteinen mit Ziegelecken ohne Chor aus dem Jahre 1450. Altarschrein mit Klappflügeln und Aufsatz; bemerkenswertes Mittelrelief der Kreuzigung aus der Zeit um 1540.

1993

1994

Tannenwalde

Калининград
[Kaliningrad]

Kreis Fischhausen

Die Gemeinde führte seit 1925, nachdem sie von Wargen abgezweigt worden war, eigene Kirchenbücher. Der turmlose Bau wurde 1929 vollendet. Der zum Kirchenkreis Fischhausen gehörende Ort wurde am 1. April 1939 in die Stadt Königsberg eingemeindet.

„ *Die Kirche wurde während der Kämpfe am Ende des Zweiten Weltkrieges nicht beschädigt. Nach Kriegsende diente sie eine Zeitlang als Trainingszentrum für die sowjetische Luftwaffe. Dann wurde sie aufgegeben. Um das Jahr 1968 wurde sie von Schuljungen in Brand gesteckt und brannte aus. Später wurde die Ruine auseinandergenommen und an ihrer Stelle ein Denkmal für die sowjetischen Soldaten errichtet.* „

1997

Tenkitten

Sankt Adalbert-Kreuz

Kreis Fischhausen

1997

Südwestlich von Tenkitten, an der Stelle der Ostseeküste, wo der Missionar der Preußen, der Heilige Adalbert, 997 den Märtyrertod erlitten haben soll, stand seit dem Ende der 13. Jahrhunderts die Adalbertskapelle. Sie stürzte 1669 ein und wurde nicht wiederaufgebaut. Auf dem Platz der Kapelle wurde 1822 zunächst ein hölzernes, 1834 dann ein eisernes Kreuz errichtet. Im Jahre 1897 wurde anläßlich der 900jährigen Wiederkehr des Tages der Ermordung Adalberts das Kreuz neu hergestellt und mit einem schmiedeeisernen Gitter umgeben.

> „ *Die Kampfhandlungen 1945 beschädigten das Kreuz des Heiligen Adalbert nicht, erst die aus der UdSSR hierher gekommenen Übersiedler zerschlugen es 1949.*
>
> *1991 war der Hügel, auf dem das Kreuz gestanden hatte, mit wilden Bäumen und Sträuchern zugewachsen und völlig von Gruben zerfurcht. An der Stelle, an der das Kreuz gestanden hatte, lagen nur noch Granitblöcke herum.*
>
> *1992 wurde von der katholischen Gemeinde des Heiligen Adalbert in Königsberg ein provisorisches Holzkreuz aufgestellt und geweiht. Jedes Jahr wird hier im April, am Todestag des heiligen Adalbert, ein Gottesdienst abgehalten.*
>
> *Im Dezember 1996 wurde der Verein des Heiligen Adalbert gegründet. Aus Polen stiftete man im tausendsten Todesjahr ein zehn Meter hohes und drei Tonnen schweres Metallkreuz, das am 23. April 1997 aufgestellt wurde.* „

Thierenberg

Дунаевка
[Dunajewka]
Kreis Fischhausen

> *Nach dem Krieg waren Dorf und Kirche vollkommen intakt. Aber 1946 begann man in diesem Gebiet mit dem Bau eines Flugplatzes, der drei Jahre dauerte. Es gab einen Beschluß, für die Gewinnung von Baumaterial die Gebäude der umliegenden Dörfer abzutragen. Damals wurden auch Dorf und Kirche Thierenberg abgerissen. Von der Kirche blieb nur das Fundament. Es wurde 1987 beseitigt, um einen Bauplatz für einen Kunstdüngerspeicher vorzubereiten. Dabei wurde auch der Friedhof beseitigt. Als man davon erfuhr, wurden die weiteren Arbeiten abgebrochen.*

Die Pfarrkirche ist ein verputzter Backsteinbau auf beherrschender Höhe, wohl um 1340 bis 1360 erbaut. Die Wände sind durch ein reiches System von großen, bis fast unter die Traufe reichenden, ehemals mit rotem Maßwerk bemalten Blenden aufgelöst. Wertvoller Schrein mit Doppelflügeln, als Mittelgruppe Muttergottes mit Engeln, auf den Flügeln Gemälde des Marienlebens unter Benutzung von Albrecht Dürers Marienleben.

1993

Wargen

Котельниково
[Kotelnikowo]
Kreis Fischhausen

Klar gegliederter, verputzter Ziegelbau mit polygonalem Chorabschluß und Turm aus der Mitte des
14. Jahrhunderts. Schön am Ufer
des Kirchteichs gelegen, die statt-
lichste Dorfkirche des Samlands,
ein geschlossener Bau von alter-
tümlichem Charakter; bezeichnend
für die samländische Eigenart ist
die scharf ausgeprägte Gliederung
in Westturm, Schiff und Chor, die
beiden letzteren stets gewölbt oder
auf Wölbung angelegt. Bei Restaurierungsarbeiten konnten Reste der
Wandmalereien freigelegt werden.
Aus der ausgehenden Ordenszeit
stammen die Triumphbogengruppe
und die Figur des Michael.

> *Während des Sturmangriffs auf Königsberg wurde von der Sowjet-
> armee einer der Hauptvorstöße in Richtung Wargen - Königsberg geführt.
> Von Wargen nach Süden wurden bis zum Königsberger Abwässerkanal
> alle Ortschaften - einschließlich Schloß Preyl - dem Erdboden gleichge-
> macht. Wie das Dorf wurde auch die Kirche Wargen fast völlig zerstört.*
>
> *Im Sommer 1989 nahm ein Rigaer Suchtrupp auf dem Gelände der Kir-
> che Ausgrabungen vor, um nach dem Bernsteinzimmer zu suchen. Spu-
> ren dieser Ausgrabungen kann man 1996 an der Stelle, wo die Kirche
> gestanden hatte, finden. Von der Kirche sind die Fundamente und die
> geöffneten Keller zu sehen. Nur an den Überresten des Friedhofs kann
> man erkennen, daß hier früher eine Kirche gestanden hat. Vom Dorf
> steht nur noch ein Haus.*

1997

Zimmerbude

Светлый
[Swetlyj]

Kreis Fischhausen

Das einfache Fachwerkgebäude hatte seit 1855 den Bewohnern und Badegästen von Cranz als Gotteshaus gedient. In erweiterter Form wurde es 1899 in Zimmerbude aufgebaut.

> *Nach dem Krieg war die Kirche unversehrt. Sie wurde verputzt und als Klubraum und Kino genutzt. Wahrscheinlich stand sie bis in die 60er Jahre, dann wurde sie abgerissen und an der gleichen Stelle das „Haus des Sports" gebaut.*
>
> *Die Siedlung ist dicht bebaut. Viele neue Bauten ein und desselben Typs, ein Schiffbau- und ein Ausbesserungswerk wurden errichtet.*

1993

Friedenberg

Дворкино
[Dworkino]

Kreis Gerdauen

1983

Chorloser Backsteinbau aus dem Ende des 14. Jahrhunderts mit Westturm. Kanzel und Altar von 1733 bilden ein Ganzes.

1989

» *Nach dem Krieg war die Kirche lange Zeit unversehrt. Allmählich setzte dann der Verfall des Ziegeldaches ein. Bis 1988 war das Gebäude jedoch noch erhalten und wurde zur Lagerung von Agrarprodukten und zur Aufbewahrung von landwirtschaftlichem Inventar genutzt. Im Winter 1988 hielt der verrottete Dachstuhl nicht mehr. Der ganze östliche Teil des Daches und der Oberteil des Giebels stürzten ein.*

Zustand 1989: Das Dach der Sakristei und der Vorhalle waren schadhaft, auch das Dach des Turmes zerfiel. Im Norden waren Schuppen an die Kirche angebaut.

1993 stürzten die Reste des Daches ein. Die Kirche wird nicht mehr genutzt. Die Siedlung ist verwahrlost. »

1994

Gerdauen

Железнодорожный
[Schelesnodoroschnyj]

Kreis Gerdauen

Chorloser Backsteinbau aus dem 14.
Jahrhundert mit eingezogenem Westturm und schönem Ostgiebel, die
Nordwand steht auf der Stadtmauer,
Sakristei und Vorhalle deshalb auf die
Südseite verlegt. Nach Beschädigungen 1914 wurden umfassende Reno-
vierungsarbeiten durchgeführt. Von
der mittelalterlichen Ausstattung ist
nichts erhalten.

1993

> „ Der Zweite Weltkrieg verschonte diese Kirche. Sie war bis 1961 vollkommen
> in Ordnung und wurde als Lager genutzt. Darauf folgte die übliche Geschich-
> te: Die Ziegel wurden schadhaft, der Dachstuhl verrottete und in den 70er Jah-
> ren stürzten das Dach und ein Teil des Ostgiebels ein. Der Giebel über der Vor-
> halle hätte renoviert werden müssen. Weil nichts erfolgte, stürzte er 1988 ein.
>
> 1990 waren nur noch der Turm, die Kirchenmauern und zum Teil die Sakristei
> und die Vorhalle erhalten. Südöstlich wurde eine Annahmestelle für leere Fla-
> schen und Gläser angebaut.
>
> Die Stadt - jetzt eine Siedlung - war bis in die 60er Jahre ziemlich gut erhal-
> ten. Danach verfiel sie rapide und bietet heute einen traurigen Anblick. Sehr
> viele Häuser – mitunter ganze Viertel – wurden abgerissen und die noch vor-
> handenen sind in der Regel in einem katastrophalen Zustand oder sehr
> baufällig. Das Kriegerdenkmal auf dem Marktplatz ist nicht erhalten. „

Groß Schönau

Песково
[Peskowo]

Kreis Gerdauen

Unter Verwendung von Mauerwerk der vorreformatorischen Kirche aus der Mitte des 14. Jahrhunderts wurde nach dem Brande von 1835 das Gotteshaus 1837 wieder aufgebaut: ein einfaches Gebäude mit Westturm.

> *Die Kirche steht direkt an der Grenze zu Polen. Im Kriege hat sie wahrscheinlich keinen Schaden genommen, sondern wurde erst in den Nachkriegsjahren abgebaut. 1989 waren von der Kirche nur noch der Turm und niedrige Mauerfragmente erhalten. Der Turmhelm ist bereits in einem sehr schadhaften Zustand. Auf der Turmspitze befindet sich ein einfaches Kreuz.*
>
> *Die Siedlung selbst wurde abgerissen und ist verschwunden. Es sind nicht einmal mehr die Fundamente erhalten.*

1989

1993

Klein Gnie

Мозырь
[Mosyr]

Kreis Gerdauen

Die Kirche, ein Ziegelbau im gotischen Stil mit schlankem Turm nach einem Entwurf von Bergmann (Rastenburg), wurde am 18. August 1901 eingeweiht.

1994

> *Nach dem Kriege war die Kirche in ausgezeichnetem Zustand und wurde von der Schule wirtschaftlich genutzt. Die Glocke wurde abgenommen und zunächst von der Feuerwehr des Kolchos genutzt, später nach Litauen verkauft. 1965/66 wurde die Spitze mit dem Kreuz vom Turm entfernt und das Dach verändert. Die Kirche diente dann als Schulsporthalle. Später wurde ein Raum für die Grundschule angebaut.*
>
> *Zustand 1990: Das hohe Kirchendach ist zerstört und jetzt, mit Asbestzementplatten gedeckt, etwa sieben Meter niedriger. Der Turm hat keine Spitze mehr und ist mit einem fast flachen Satteldach bedeckt. Am Chor gibt es zu beiden Seiten Anbauten. Die Kirche wird jetzt als Sporthalle der auf der anderen Straßenseite gelegenen Schule genutzt.*
>
> *Die Siedlung ist vernachlässigt, sieht aber nicht schlecht aus.*

Muldszen

Mulden

Перевалово
[Perewalowo]

Kreis Gerdauen

Rechteckiger Bau aus Feldsteinen und Ziegeln mit Turm,
1806 bis 1808 wahrscheinlich
anstelle einer Kapelle aus dem
Anfang des 17. Jahrhunderts
errichtet.

1993

" *Während des Zweiten
Weltkrieges blieben Dorf
und Kirche unversehrt.*

*Zustand 1990: Die Kirche
wird als Lagerhalle
genutzt. Die Fenster sind
bis auf kleine Luken zugemauert. Der Turm und
fünfundneunzig Prozent
des Putzes sind gut erhalten. Neben der Kirche
sieht man die Überreste
eines Denkmals, wahr-
scheinlich für die im
Ersten Weltkrieg gefalle-
nen Muldszener. Dane-
ben steht das Pfarrhaus.*

*Die Siedlung ist vernach-
lässigt, sieht aber ziemlich
einladend aus.* "

Nordenburg

Крылово
[Krylowo]
Kreis Gerdauen

Der aus dem 15. Jahrhundert stammende Bau wurde nach dem Brand von 1705 als rechteckige verputzte Feldsteinkirche mit Turm wieder aufgebaut und 1854/56 nochmals gründlich renoviert. Der Altar mit ausdrucksvollen Figuren und die Kanzel entstanden um 1730. Die Orgel ist ein Werk Adam Gottlob Casparinis.

1994

„ *Während der Kampfhandlungen wurde die Stadt von höchstens zwei bis drei Bomben getroffen und blieb praktisch unversehrt. Die hier angekommenen Siedler bekamen im Winter 1946/47 keinerlei Heizmaterial und verfeuerten, um diesen Winter zu überleben, die Holzkonstruktionen der Häuser, wodurch sie die Stadt zerstörten.*

Die Kirche wurde ebenfalls abgerissen.

1996 waren nur noch das Turmskelett ohne Helm, der schöne Bogeneingang des Turmes und einige Mauerreste vorhanden. „

Gawaiten

(Herzogsrode)

Гаврилово
[Gawrilowo]

Kreis Goldap

1755 anstelle einer früheren Kirche errichteter Neubau mit polygonalem Chorabschluß und Westturm. Der Dachreiter wurde 1937 erneuert.

> *Nach 1945 war die Kirche unversehrt und wurde bis 1976/77 als Lagerhalle genutzt. Dann wurde sie vollständig abgerissen.*
>
> *Der Friedhof ist ebenfalls nicht mehr erhalten. Etwas südlicher wurde eine Dscherschinskij-Büste aufgestellt. Nicht weit davon steht ein Gebäude, das vermutlich das Pfarrhaus war. Das alte Schulgebäude hat man abgerissen und nördlich davon ein neues gebaut. Südlich des Dorfes existiert noch der alte Friedhof aus dem Ersten Weltkrieg.*

1994

1994

Groß Rominten

(Hardteck)

Краснолесье
[Krasnolessje]

Kreis Goldap

Das 1868 gebildete Kirchspiel erhielt 1880 sein Gotteshaus, einen Backsteinbau mit kleinem Giebelturm.

> „ *Während der Kampfhandlungen gegen Ende des Zweiten Weltkrieges brannte die Kirche innen aus. Die Apsis blieb erhalten und wurde später zerstört.*
>
> *1990 existierten von der Kirche nur noch die Mauern. Es gab Pläne der örtlichen Kolchose, die Kirche wiederaufzubauen und als Freizeitklubhaus zu nutzen. Dieser Beschluß wurde noch einmal überprüft und geändert: Nun wollte man die Kirche als Sporthalle nutzen. Aber zu all dem ist es nicht mehr gekommen, weil die Kolchose aufgelöst wurde. 1996: Die Situation ist unverändert.*
>
> *Im Zentrum der Siedlung steht noch das Denkmal für die im Ersten Weltkrieg 1914-1918 Gefallenen. Die Siedlung ist malerisch - aber vernachlässigt.* „

1993

Tollmingkehmen

Tollmingen

Чистые Пруды
[Tschistyje Prudy]

Kreis Goldap

Anstelle einer früheren Kirche von Salzburger Handwerkern 1756 errichteter, 1764 eingeweihter, verputzter Feldsteinbau. Turm von 1820, oben in Holz ausgeführt. Der dreischiffig angelegte Innenraum ist im Mittelschiff gewölbt, über den seitlichen Emporen ist die Decke flach. Aus dem 17. Jh. sind Reste eines früheren Altars erhalten.

„ *Nach dem Kriege war das Gebäude der Kirche unversehrt. Es verfiel aber bald, da Instandhaltungsmaßnahmen fehlten.*

1964 existierten von der Kirche nur noch ca. drei Meter hohe Mauern. In jenem Jahr wurde der 250. Geburtstag von Christian Donalitius begangen, der 1743-1780 Pastor in Tollmingkehmen war. Das Kulturministerium der Litauischen SSR und das Kaliningrader Gebietsexekutivkomitee faßten damals den Beschluß, das Kirchengebäude in seinem ursprünglichen Zustand wiederherzustellen. 1979 war der Wiederaufbau abgeschlossen. In der Kirche wurde ein Christian-Donalitius-Gedenkmuseum eingerichtet. Der Friedhof an der Kirche ist teilweise erhalten.

Die Siedlung ist stark vernachlässigt, aber es stehen noch viele alte Häuser. „

1963

1993

Gerwischkehmen

Gerwen

Приозёрное
[Priosjornoje]

Kreis Gumbinnen

Verputzter Ziegelbau auf Feldsteinfundament ohne Turm aus den Jahren 1803 bis 1805. Das Innere sehr einfach nach Art der ostpreußischen Einwandererkirchen.

> *Während des Zweiten Weltkrieges war die Kirche 1945 Artilleriebeschuß ausgesetzt. Daran erinnert eine zugemauerte Bresche in der Ostmauer. Die Kirche wurde als Lagerhalle für Kunstdünger genutzt.*
>
> *1989 wurde das Dach mit Asbestzementplatten gedeckt und die Sakristei abgerissen. Mit zwei Ausnahmen wurden alle Fenster zugemauert, ebenso Ost- und Südeingang. Im Westen und Osten wurden quadratische Tore als Autoeinfahrten durchgebrochen. Im Süden wurde ein offener hölzener Schuppen angebaut.*
>
> *Seit 1995 ist die Kirche nicht mehr genutzt. Die Siedlung ist stark verwahrlost.*

1994

Gumbinnen

Altstädtische Kirche

Гусев
[Gussew]

Kreis Gumbinnen

Neubau 1720 unter Friedrich Wilhelm I., der bei den zahlreichen, im Rahmen seines Kolonisationsprogramms erbauten Kirchen strengste Sparsamkeit zur Pflicht machte. 1810/11 renoviert, erweitert und in klassizistischen Formen neu ausgestattet: ein verputzter dreischiffiger Ziegelbau mit polygonalem Ostabschluß. Der Turm wurde 1875 errichtet. Die Kirche hat eine Orgel.

„ *Die Altstädtische Kirche wurde im Oktober 1944 während eines sowjetischen Luftangriffs zerstört. Nach 1945 wurde ihre Ruine abgerissen.* „

1992

Gumbinnen

Katholische Kirche

Гусев
[Gussew]

Kreis Gumbinnen

Die katholische St. Andreas-Kirche wurde am 21. April 1901 geweiht.

> **"** *Nach dem Kriege war die Kirche unversehrt. Der Stadtteil Gumbinnens, in dem sie liegt, wurde zum Territorium eines Armeetruppenteiles und die Kirche wurde als Soldatenklub eingerichtet. Bei der Umgestaltung wurde der Kirchturm abgetragen.* **"**

1997

Gumbinnen

Kreuzkirche

Гусев
[Gussew]

Kreis Gumbinnen

Alt-lutherische Kreuz-kirche. Achteckiger Bau mit Laterne im Zentrum des Dachs, Vorhalle im Süden, Sakristei im Norden, geweiht am 3. Oktober 1926.

> „ *Die Kampfhandlungen des Zweiten Weltkrieges berührten diese Kirche nicht. Lange Zeit wurde sie als Lagerraum genutzt. 1988 wurde ihre Übergabe an die Orthodoxe Kirche beschlossen. 1990 wurde sie geweiht.* "

1993

Gumbinnen
Reformierte Kirche

Гусев
[Gussew]

Kreis
Gumbinnen

Die Kirche, von 1736 bis 1739 nach einem Entwurf von Joachim Ludwig Schultheiß von Unfriedt erbaut, war für dieses Gebiet eine Neuerung: ein zentralisierender Bau auf kreuzförmigem Grundriß. Einfachste Ausstattung. Die Kanzel hat eine Doppeltreppe, wie sie in reformierten Kirchen üblich ist.

„ *Die reformierte Kirche wurde im Januar 1945 beim Sturm auf Gumbinnen stark beschädigt. Ihre Überreste standen bis 1984/85. Danach wurden sie auf Bitte der Stadtverwaltung vom Militär vollkommen zerstört, wofür ihm 2000 Rubel gezahlt wurden. Von dieser Kirche sind nur die Keller übrig.* „

1959

1992

Gumbinnen

Salzburger Kirche

Гусев
[Gussew]

Kreis Gumbinnen

Nach einem ersten Gotteshaus von 1752/54 wurde 1840 eine neue Kirche errichtet. Ein schlichter, rechteckiger, verputzter Ziegelbau mit vorgelegtem Turm. Der Innenraum ist einfach, mit bis zur Kanzel heranreichender Empore. Vor der Kanzel steht der Altar. Darüber, in der Ostwand, befindet sich ein Glasfenster, das die Vertreibung der evangelischen Salzburger in den Jahren 1731/32 darstellt.

„ Die Salzburger Kirche hatte unter den Kampfhandlungen des Zweiten Weltkrieges kaum gelitten. Erst nach 1945 wurde der Turm bis auf die Höhe der Mauern zerstört und mit Ziegeln abgedeckt. Einige der großen Fenster mauerte man vollständig zu, andere beließ man als kleine, vergitterte Luken. Anschließend diente das Gebäude lange Jahre der Rajonstraßenbauverwaltung als Lagerhalle.

Nach Öffnung des Gebiets erhielt die Stiftung „Salzburger Anstalt Gumbinnen" von den zuständigen Behörden die Genehmigung zur Restaurierung der Kirche. Der Wiederaufbau fand in den Jahren 1994/95 statt. Die Finanzierung des Wiederaufbaus wurde von der Stiftung organisiert. Eingeweiht wurde die Kirche in Anwesenheit zahlreicher Besucher aus dem In- und Ausland am 31. Oktober 1995. Das Gebäude wird seitdem von der Evangelisch-lutherischen Gemeinde in Gumbinnen als Kirche und Begegnungsstätte genutzt. "

1990

1995

Ischdaggen

Branden

Лермонтово
[Lermontowo]

Kreis Gumbinnen

> *Die heutige Siedlung Ischdaggen (Lermontowo) liegt an der Straße Insterburg (Tschernjachowsk) - Gumbinnen (Gusew). Die Kirche steht abseits der Straße und etwas außerhalb der Siedlung. Nach dem Kriege war sie unversehrt. Bevor man sie nutzte, wurde sie durch die zugezogene Bevölkerung beschädigt. Auch Wind und Wetter setzten ihr zu.*
>
> *1992: Ein Teil der Kirche wird als Lagerhalle genutzt. Der andere Teil dient möglicherweise einem Asphaltwerk, das zur Zeit allerdings nicht in Betrieb ist, als Produktionshalle. Hierfür spricht ein großer Anbau aus Blech im Süden. Die Fenster im Norden und Osten sind völlig zugemauert, die im Süden teilweise. Das Dach über dem Kirchenschiff ist mit Asbestzementplatten gedeckt; über dem Chor im Osten existiert noch das Ziegeldach. Die Sakristei ist zerstört, der Eingang zugebaut. Die Vorhalle ist erhalten, aber der Eingang wurde rechteckig gemacht. Der Friedhof ist teilweise erhalten.*
>
> *1996: Die Kirche wird nicht mehr genutzt.*

Rechteckiger, innen durch Säulen gegliederter Bau aus Feldsteinen und Ziegeln, ohne Turm, mit halbrundem Chor, 1737 erbaut. Kanzel und Altar vom Anfang des 18. Jahrhunderts wurden 1737 zum Kanzelaltar vereinigt.

1990

1992

Judtschen

Kanthausen

Веселовка
[Wesselowka]

Kreis Gumbinnen

Nach der Pest 1709/10 bildete sich die reformierte Gemeinde aus Schweizern und deutschen Kolonisten. 1727 wurde die Kirche eingeweiht, ein Ziegelbau mit Holzturm. Die Kanzelwand nimmt die Ostseite des Innenraums ein, davor der schlichte (reformierte) Altartisch.

„ *Nach 1945 war die Kirche praktisch unversehrt. Danach stand sie leer und wurde dann teilweise wirtschaftlich genutzt. In der Zeit vor 1985 wurde sie von der Armee abgerissen, ihre Steine wurden für den Straßenbau verwendet. Viele Häuser im Dorf waren unbrauchbar geworden und wurden ebenfalls abgerissen. Es stehen nur noch etwa 30 Prozent der alten Häuser.*

Wie durch ein Wunder blieb das Häuschen von Pastor Andrasch, bei dem Immanuel Kant als Hauslehrer tätig war, unversehrt. Vermutlich handelt es sich bei dem noch existierenden Gebäude nicht mehr um das Pastorenhaus aus der Zeit Kants, sondern um einen Bau aus späterer Zeit am selben Ort. Jetzt ist es allerdings sehr baufällig und nur die rechte Seite, wo einige alte Leute leben, ist noch bewohnbar. Die Einwohner des Dorfes sagen, daß das Häuschen nach deren Tod abgerissen werden soll. „

1990

1990

Nemmersdorf

Маяковское
[Majakowskoje]

Kreis Gumbinnen

Die Pfarrkirche entstand 1569 auf Befehl Herzog Albrechts. 1769 wurde sie als massiver rechteckiger Feldsteinbau mit Sakristei im Osten und hölzernem Dachreiter erneuert. Kanzel und Altar aus dem 17. Jahrhundert wurden erst zu diesem Zeitpunkt vereinigt; sie weisen Einflüsse der Werkstatt Isaac Rigas auf.

> *Während des sowjetischen Vorstoßes auf Nemmersdorf und des anschließenden Kampfes um das Dorf in den Tagen vom 21. bis 23. Oktober 1944 wurde die Kirche beschädigt. Nach dem Kriege war die Kirche zunächst Wirtschaftsgebäude. Anfang der 60er Jahre wurde sie umgebaut; seitdem dient sie als Kulturhaus und Bibliothek.*
>
> *1990: Die Kirche ist ein einfaches rechteckiges, verputztes Gebäude mit einem südlich angebauten Heizhaus. Alle Fenster sind rechteckig, der Haupteingang vom Westen befindet sich in einem Rundbogen, die nördliche Tür ist quadratisch.*
>
> *Vor dem Gebäude wurde ein Denkmal für die 1945 gefallenen sowjetischen Soldaten errichtet. Östlich ist das alte Schulhaus erhalten. Die Siedlung wirkt vernachlässigt.*

1993

Niebudschen

Herzogskirch

Красногорское
[Krasnogorskoje]

Kreis Gumbinnen

Zwischen 1691 und 1700 errichteter Backsteinbau auf Feldsteinsockel mit polygonalem Schluß, wobei Anklänge an niederländische Architektur erkennbar werden. Vom Glockenturm ist nur das Fundament vorhanden, die Glocke (1797) hängt im Dach über der südlichen Eingangshalle. Von einem Barockaltar (1697) Isaac Rigas blieben Reste erhalten.

> *Nach dem Krieg war die Kirche vollständig erhalten. Sie wurde anfangs zur Lagerung von Getreide, später von landwirtschaftlichem Gerät genutzt.*
>
> *Das Dach ist mit Asbestzementplatten gedeckt, an vielen Stellen beschädigt. Die Eingangstür von Westen ist erhalten. Auch die Sakristei und der Glockenturm in Form einer Vorhalle mit einem Fachwerkgiebel sind in einem verhältnismäßig guten Zustand. Das Fensterglas ist größtenteils zerbrochen. Der Gesamtzustand des Gebäudes ist befriedigend.*
>
> *Südlich der Kirche steht ein halbzerstörtes Denkmal für die im Ersten Weltkrieg Gefallenen. Die Familiennamen sind auf Marmortafeln eingemeißelt (eine der Marmortafeln ist erhalten).*
>
> *Die Siedlung insgesamt befindet sich in keinem schlechten Zustand.*

1993

Schirgupönen

Amtshagen

Дальнее
[Dalneje]

Kreis Gumbinnen

Die 1725 durch Friedrich Wilhelm I. errichtete und später mehrfach renovierte Kirche, ein rechteckiger Bau mit Turm, wurde nach den Beschädigungen des Ersten Weltkrieges auf den alten Fundamenten wiedererrichtet.

> „ Nach dem Krieg war die Kirche mit Ausnahme des wahrscheinlich sofort zerstörten Turmes unversehrt. Bis in die 70er Jahre stand sie noch, denn auf detaillierten Landkarten aus dem Jahre 1974 ist sie noch eingezeichnet. Danach wurde das Dorf wegen „Perspektivlosigkeit" aufgegeben. Häuser und Kirche wurden zerstört. 1990 war von dem ganzen Dorf nur noch ein halbzerfallenes Haus übrig, in dessen Nähe ein gewaltiger Baum stand. Die Überreste der Kirche findet man auf der anderen Seite des Flüßchens, die man noch über eine zerstörte Brücke erreichen kann.
>
> Die Straße, die vom Dorf nach Norden führt, ist verwildert, da die Brücke zerstört ist. Die zweite Brücke über die Pissa ist erhalten. Diese Straße kreuzt die Eisenbahnstrecke, an der ein verwahrloster Haltepunkt mit einem zerfallenen Backsteinhäuschen liegt. Die Straße, die vom Dorf nach Osten führt, ist stark ausgefahren. "

1997

Walterkehmen

Groß Waltersdorf

Ольховатка
[Olchowatka]

Kreis Gumbinnen

„ Im Verlauf der Kampfhandlungen gegen Ende des Zweiten Weltkrieges wurde die Kirche beschädigt, insbesondere wurde das Dach zerstört. Aber schon in der ersten Nachkriegszeit, als man den Beschluß gefaßt hatte, dieses Gebäude zu nutzen, wurde ein neues Dach errichtet.

Gegenwärtig dient die Kirche als Mischfutterlager. Alle Fenster sind zugemauert, die Vorhalle im Süden und die Sakristei im Osten sind zerstört. An der Stelle der Sakristei wurde ein quadratisches Tor als Autoeinfahrt durch die Wand gebrochen. Der Putz ist an vielen Stellen abgebröckelt. Neben der Kirche befindet sich ein Viehhof.

Um die ehemalige Kirche herum sind nur sehr wenige Wohnhäuser stehengeblieben. Einige findet man noch an beiden Enden des Dorfes. An der Straße nach Gumbinnen (Gusew) wurden viele Neubauten errichtet. „

Das Kirchengebäude aus der Mitte des 18. Jahrhunderts ist ein rechteckiger Massivbau mit Turm. 1914 wurde die Kirche zerstört, 1925/26 neu erbaut.

1992

Balga

Весёлое
[Wessjoloje]

Kreis Heiligenbeil

> *Im März 1945 fanden im Raum Balga schwere sowjetisch-deutsche Kämpfe statt. Dabei wurde die Kirche stark beschädigt, die Mauern standen aber noch. Nach dem Kriege wurde die Kirche weiter zerstört.*
>
> *1989: Es stehen nur noch Mauerreste, darunter die Westmauer mit dem Portal, an dem die berühmten Verzierungen praktisch nicht mehr erhalten sind. Die Südmauer mit den Spuren großer Einschüsse ist schlechter erhalten. Der ganze Friedhof ist umgegraben und inzwischen mit Büschen und Bäumen überwachsen. Von einer Ortschaft ist außer einigen Fundamentüberresten nichts mehr vorhanden.*
>
> *Engagierte Russen wie auch ehemalige Einwohner schlagen vor, hier einen „Landschaftsschutzpark" zu schaffen, in dem die Natur und die Kulturdenkmäler geschützt wären. 1993 wurde der Friedhof in Ordnung gebracht. Balgaer aus Deutschland übernahmen die Finanzierung. Als 1994 Angehörige des Militärs versuchten, die Überreste der Kirche abzubrechen, um Backstein zu gewinnen, sorgte der Architekt Jurij Sabuga aus Königsberg dafür, daß die Miliz die Aktion unterband.*

Außerhalb des Burgwalls, später als die Burg, um 1320-1330 entstanden. Ein Backsteinbau ohne Turm. Sehr merkwürdig das Westportal, schlank im Aufbau, das Gewände mit Stabbündeln und tiefen Kehlen gegliedert, in einer tiefen rechteckigen Nische gelegen, die von einem breiten Rahmen eingefaßt wird. Seine Dekoration besteht aus einem breiten Band von Vierpässen, das von gleichen Querbändern durchschnitten wird. Die Altarbilder zeigen Kreuzigung und Grablegung Christi. Der barocke Beichtstuhl stammt aus dem Jahr 1698. An der Nordwand befindet sich der Amtsstand.

1992

Bladiau

Пятидорожное
[Pjatidoroschnoje]

Kreis Heiligenbeil

Einschiffiger, verputzter Bau aus Backsteinen und Findlingen, zwischen der Mitte des 14. Jahrhunderts und Anfang des 15. Jahrhunderts errichtet. Die Ausstattung ist reich und kostbar. Der Altar ist ein Werk von Isaac Riga, ebenso zwei Beichtstühle, Gutsstand und Taufengel in prächtigem Bauernbarock (um 1700). Einziger Rest der gotischen Ausstattung: Kreuzgruppe vom ehemaligen Triumphbalken.

> *Bei der Zerschlagung der 4. deutschen Armee fanden auf diesem Territorium erbitterte Kämpfe statt. Dabei nahm die Kirche in Bladiau schweren Schaden, insbesondere der Turm wurde beschädigt.*
>
> *Die zerstörte Kirche stand bis Ende der 70er Jahre. Noch 1975 war von ihrem Turm aus der beschädigte Turm der Kirche in Heiligenbeil (Mamonowo) gut erkennbar. Danach wurde die Kirche gesprengt und abgerissen. Es blieb die Mauer, die Friedhof und Kirche umgab. Vor der Mauer, links auf dem Foto, ist das Denkmal für die Gefallenen des Ersten Weltkriegs zu sehen. Die alte Inschrift wurde entfernt. Der Text der russischen Tafel lautet: „Die Sowchose ‚Borba' (Kampf) wurde im Jahre 1946 gegründet". An der Stelle der beseitigten Kirche haben auf Initiative eines früheren Bladiauers vor einiger Zeit deutsche und russische Studenten gemeinsam ein Holzkreuz errichtet.*
>
> *Die Siedlung selbst sieht sehr vernachlässigt aus. Die meisten Häuser, besonders im Zentrum, sind mit Asbestzementplatten gedeckt und baulich stark verändert. Der heutige Name „Pjatidoroschnoje" ist von den fünf Straßen abgeleitet, die sich in diesem Ort treffen.*

1996

Brandenburg

Ушаково
[Uschakowo]

Kreis
Heiligenbeil

Die Kirche ist über dem Ufer des Frisching im sogenannten Oberflecken und wie in Balga außerhalb der Burg als eine Art Vorwerk gelegen. 1483 erstmals erwähnt, doch bereits im 14. Jh. entstanden. Wegen der eigentümlichen Chorbildung und reichen Ausstattung ein wichtiges Baudenkmal. Einschiffiger Backsteinbau mit gestrecktem, halbkreisförmig geschlossenem Chor und vorgelegtem, 1648 vollendetem Westturm. Große Inschriftenplatte über dem Eingang. Die Bretterdecke 1702 von C. Winter mit Darstellungen aus der Heilsgeschichte und ihren Verkündern naiv bäuerlich bemalt. Reiche und umfängliche Ausstattung mit Ständen und Emporen. Im westlichen Langhaus und im Chor bemerkenswertes Gestühl um 1580, das Einlegearbeiten von Melchior Breuer und seiner Werkstatt nachahmt. An der Westwand Gemälde des Jüngsten Gerichtes um 1630, Vorbild dafür das Jüngste Gericht von Anton Möller im Artushof in Danzig.

> *Ein wunderschönes Fleckchen Erde! Die Fischersiedlung ist allerdings ziemlich verwahrlost.*
>
> *Die Kirche wurde in den Kämpfen gegen Ende des Zweiten Weltkrieges schwer beschädigt. Heute existieren die Süd- und die Nordmauer praktisch nicht mehr. Der Ostteil des Chores mit den Strebepfeilern ist bis zu einer Höhe von drei Metern erhalten. Der Turm mit zwei gewaltigen Strebepfeilern ist ohne Dach. Über dem schönen Spitzbogeneingang in den Turm befindet sich eine Platte mit einem aufwendig gearbeiteten Basrelief. Der alte Friedhof ist nicht erhalten.*

1994

Deutsch Thierau

Иванцово
[Iwanzowo]

Kreis Heiligenbeil

Verputzter Backsteinbau auf Feldsteinfundament aus dem 14. Jahrhundert mit polygonalem Chorabschluß und Holzturm von 1743. Der Innenraum hat eine flache Bretterdecke, der Chor ein Kreuzgewölbe.

>> *Die zwei oberen Etagen des Turmes existierten unmittelbar nach dem Krieg bereits nicht mehr, aber die Kirche selbst war praktisch nicht beschädigt. Nach der Teilung Ostpreußens verlief die Grenze zu Polen direkt am südlichen Ortsrand, so daß der größte Teil des Dorfes zum Königsberger Gebiet gehörte. Allerdings lag das ganze Dorf im Grenzsicherungsstreifen.*

1957 stand die Kirche noch, aber das Fehlen der notwendigen Erhaltungsmaßnahmen führte zu ihrem fortschreitenden Verfall, zu dem wahrscheinlich auch die Menschen beitrugen.

1990 ist die Kirche eine Ruine mit eingestürztem Dach und zerstörten Mauern. Die südliche Vorhalle ist völlig zerfallen und mit Schotter bedeckt. Auch der Chor ist zerstört, nur der Sockel und Mauerreste sind noch zu erkennen. Die Sakristei ist ebenfalls zerfallen, aber die Wände sind erhalten und die Basis der Rippen der Gewölbedecke ist sichtbar. Bedeutend besser ist der Westgiebel erhalten. Da die beiden oberen Etagen des Turmes zerstört sind, kann man sehr deutlich ein rundes profiliertes Fenster und einen kleinen Fries mit den Resten der Darstellung menschlicher Köpfe erblicken (von neun sind sechs erhalten). Der westliche Eingang, der aus dem Turm ins Kirchenschiff führt, ist auch recht gut erhalten. Bei einer Innenbesichtigung sind an den Wänden die Stellen der Halterungen der Empore zu sehen. Die Nordmauer ist viel besser erhalten als die Südmauer. Nichts erinnert mehr an das Deckengewölbe.

Der Friedhof ist stark beschädigt, die Gräber sind zum Teil geöffnet.

Die Brücke über den kleinen Bach ist zerstört. Von den Häusern sind größtenteils nur die Fundamente erhalten. >>

1992

Heiligenbeil

Evangelische Kirche

Мамоново
[Mamonowo]
Kreis Heiligenbeil

In der ersten Hälfte des 14. Jahrhunderts begründet, wurde die Kirche im Laufe der Jahrhunderte durch mehrere Brände stark zerstört. Von 1789 bis 1796 wurde sie wieder aufgebaut. Aus der frühen Zeit stammt ein reich profiliertes, an Balga erinnerndes Westportal. Auch der vorgelegte Westturm ist erneuert.

> „ Bei der Zerschlagung der in und um Heiligenbeil liegenden deutschen Truppenteile im Jahre 1945 litt die Stadt schwer unter den sowjetischen Fliegerangriffen. Bei Kriegsende lag die Altstadt in Trümmern. Auch die Kirche war zerstört. Ihr Turm und ihre Mauern aber standen noch bis in die 70er Jahre, dann wurden sie abgerissen. Wie durch ein Wunder blieb ein Fragment der Nordwestmauer mit zwei Strebepfeilern erhalten.
>
> Die ganze Altstadt wurde abgerissen und hier ein Erholungspark angelegt; an den erhaltenen Mauerrest der Kirche baute man ein kleines Gebäude an.
>
> Der nahegelegene Hospitalfriedhof in der Klosterstraße ist ebenfalls nicht mehr erhalten, nur einzelne Grabplatten existieren noch.
>
> Von der Altstadt ist eigentlich nichts geblieben, aber die Fundamente und Teile der Stadtmauer sind ziemlich gut zu erkennen. Das Zentrum wurde verlegt und befindet sich heute in der Gegend der katholischen Kirche, die allerdings auch nicht mehr erhalten ist. „

1993

Heiligenbeil

Katholische Kirche

Мамоново
[Mamonowo]

Kreis Heiligenbeil

Die katholische Pfarrkirche
Mariae Himmelfahrt wurde
1891 fertiggestellt.

> **"** *Die Kirche wurde am Ende des Zweiten Weltkrieges beschädigt und nach dem Kriege abgerissen.* **"**

1993

Hermsdorf

Пограничный
[Pogranitschnyj]

Kreis Heiligenbeil

1805 wurde im Rundbogenstil ein turmloser Bau errichtet. Später wurde ein Westturm mit niedrigem Pyramidendach hinzugefügt.

" *Während der Kampfhandlungen 1945 wurde die Kirche geringfügig beschädigt. In diesem Zustand wurde sie nach dem Kriege als Lagerraum genutzt. Da man jahrzehntelang keinerlei Reparaturen an ihr vornahm, wurde sie allmählich unbrauchbar. In den 70er Jahren wurde sie abgerissen. Jetzt erinnern nur noch Bäume und der Sockel des später erbauten Turmes an die Kirche.*

Die alten Häuser der Siedlung wurden bis auf sechs vollständig abgerissen. Es gibt viele Neubauten. Ein im Jahre 1937 aus Anlaß des 600jährigen Bestehens des Dorfes aufgestellter Gedenkstein mit einer eingemeißelten Inschrift ist erhalten. "

1993

Ludwigsort

Katholische Kirche

Ладушкин
[Laduschkin]
Kreis Heiligenbeil

Die Diasporakirche für die etwa 220 katholischen Christen der Umgebung wurde in den Jahren 1937/38 erbaut und am 11. Juni 1938 eingeweiht. Als Kuratus war dort von 1941 bis 1945 Pfarrer Hubert Groß tätig (im Januar 1946 in Königsberg erschossen).

historisches Foto
nicht vorhanden

> **„** *Kurz vor Kriegsende wurde Ludwigsort kampflos besetzt und die Kirche blieb unversehrt. Sofort nach der Ankunft der Übersiedler aus Rußland wurde in ihr ein Klub eingerichtet. Danach wurde das Kirchengebäude umgebaut. Trotzdem sind der Altarbereich und Teile des Kirchenschiffes bis heute erkennbar. Die zugemauerten rechteckigen Fenster kann man durch den Putz erkennen.* **„**

1994

Pörschken

Новомосковский
[Nowomoskowskij]

Kreis Heiligenbeil

Einschiffiger verputzter Backsteinbau auf Feldsteinfundament ohne Chor, mit vorgelegtem Westturm, in den ältesten Teilen in das Ende des 14. Jahrhunderts zurückreichend, aber später mehrmals umgestaltet. Im Innern bemalte Korbbogendecke von 1738, großzügige und starkfarbige Komposition, im Spiegel Verklärung Christi, in den umgebenden Medaillons Geburt und Passion, der Grund mit Ranken und Bandelwerk gefüllt; Maler: Michael Wolf, Gottfried Eisenberner, Joh. Fröst, Christian Mühlenbeck. Herrschaftsstand um 1614. Kleine gut dekorierte Orgel (1705). Epitaph für Anna Maria von Sparwein (gest. 1614) mit alter Fassung, eines der besten Werke des ostpreußischen Manierismus.

> „ Im Winter/Frühjahr 1945 wurde die Kirche während der Kampfhandlungen beschossen. Dabei wurde der Turmhelm zerstört; die Kirche brannte aus. Nach dem Kriege war das Gebäude zunächst dem Verfall ausgesetzt. Da die Wände des Kirchenschiffs und des Turmes noch standen, beschloß man später, die Kirche als Lagerhalle herzurichten. Um die unterschiedliche Höhe der Wände auszugleichen, trug man etwa anderthalb Meter Mauerwerk ab und versah die Halle mit einem neuen Dach.
>
> Zustand 1996: Der Turm steht noch. Die Kirche ist mit Asbestzementplatten gedeckt. Vorhalle und Sakristei sind nicht erhalten. Im nordöstlichen Teil ist eine große quadratische Öffnung als Wagenzufahrt durch die Mauer gebrochen. Die Strebepfeiler zerfallen. Der Turmeingang und der Ausgang aus der Sakristei sind zugemauert. Ein Teil der Fenster ist mit Brettern verschlagen. „

1996

Zinten

Корнево
[Kornewo]
Kreis Heiligenbeil

Unter Benutzung alten Mauerwerks aus dem
14. Jahrhundert wurde 1741 der Neubau fertiggestellt, ein rechteckiger verputzter Backsteinbau mit Turm. Die Orgel wurde 1756
von Adam Gottlob Casparini erbaut.

> *Die Kirche war 1945 schwer in Mitleidenschaft gezogen worden und wurde nach dem Kriege von den Einwohnern weiter zerstört. Danach wurde sie in den 70er und 80er Jahren vom Militär gesprengt, um Backsteine zu erhalten.*
>
> *Zustand 1989: Von der Kirche ist nur die Westfassade des Turmes mit dem profilierten Portal und ein Haufen Ziegelschutt übriggeblieben. Zwanzig Meter nördlich der Kirche stand eine Granitschale für Weihwasser, die 1994 verschwand.*
>
> *Zustand 1996: Die Reste der Turmruine stehen noch. Gegenüber 1989 sind nur geringfügige Verän- derungen eingetreten.*

1993

Insterburg
Katholische Kirche

Черняховск
[Tschernjachowsk]
Stadtkreis

1961

Die katholische Kirche ist ein neugotischer Ziegelbau mit Westturm von 1902.

1996

» *Nach Kriegsende war die Kirche unversehrt. Sie wurde dem Militär als Lagerhalle übergeben. Das Gebäude wurde in der gesamten Nachkriegszeit von außen nicht instandgesetzt. Lediglich im Inneren weißte man die Wände und Decken. Durch die weiße Farbe schimmert die alte Bemalung durch. Der Turmhelm war am schwersten beschädigt.*

1988 beschloß das Exekutivkomitee der Stadt, die Kirche als Konzertsaal herzurichten. Demzufolge wurden erstmals Reparaturen durchgeführt.

1993 wurde die Kirche der katholischen Gemeinde rückübertragen. Heute werden dort Gottesdienste gefeiert. Der Geistliche kommt aus Polen. »

Insterburg
Lutherkirche

Черняховск
[Tschernjachowsk]

Stadtkreis

Chorloser verputzter Backsteinbau mit vorgelegtem, im Oberbau später verändertem Westturm, 1610-1612 erbaut, anstelle einer bereits 1537 erwähnten Kirche. Im Innern ist die mittelalterliche Arkadenteilung aufgegeben. Die Ausstattung ist für dieses Gebiet reich zu nennen. Flachdecke von Michael Zeigermann und Hans Menio, Insterburg, bemalt. Als Vorlagen dienten niederländische Stiche und Gemälde, der Turmbau zu Babel frei nach Pieter Breughel d.Ä. Der Altarbau 1622-1624, noch in Schreinform, mit reicher bildhauerischer Ausstattung, ein Spätwerk des bedeutenden Meisters des Altars der Altstädtischen Kirche in Königsberg (1606). Vorzügliche Taufkammer.

" *Die Kirche überstand den Krieg fast ohne Beschädigungen. Nach dem Krieg wurde zunächst die Innenausstattung vernichtet, dann Ende der 40er Jahre der Turmhelm entfernt. In den 50er Jahren wurde ein Teil des Turmes abgetragen. Der Kirchenraum diente bis 1972 als Werkhalle eines Holzverarbeitungskombinats, danach nutzte man ihn zur Lagerung von Watte.*

1964 war der Gesamtzustand der Kirche noch befriedigend. Sie hätte jedoch dringend renoviert werden müssen. Diese Renovierung erlebte die Kirche allerdings nicht mehr, denn sie wurde 1975 nach einem Brand vollständig abgerissen. **"**

1965

1996

Insterburg

Melanchthonkirche

Черняховск
[Tschernjachowsk]

Kreis Insterburg

Der 1909 begonnene Back-
steinbau in neugotischem
Stil wurde am 27. Juni 1911
eingeweiht. Der schlanke,
fünfzig Meter hohe Turm ist
mit Kupferplatten gedeckt.

" Während des Krieges wurde die Kirche stark in Mitleidenschaft gezogen.
1948 wurde das halbzerstörte Gebäude dem im gleichen Jahr gegründeten
Betrieb „Techmasch" als Fabrikhalle für die Nagel- und Maschendraht-
produktion übergeben. Im selben Jahr begann auch der Umbau der Kirche.
Der gesamte Turm wurde entfernt und ein neues Dach angebracht.

Heute sind nur noch drei Wände der Kirche erhalten. Der obere Teil des
Gebäudes ist mit weißen Kalksandsteinen vermauert. Seit 1995 steht das
Gebäude ungenutzt. "

1993

Insterburg
Reformierte Kirche

Черняховск
[Tschernjachowsk]
Stadtkreis

> *Nach dem Kriege war die Kirche unversehrt und wurde zunächst als Klub mit Tanzdiele und später als Sporthalle genutzt. Einige Male brannte sie. Niemand sah nach ihr. Die Spitzen der kleinen Türme wurden durch das Feuer teilweise zerstört. Im Inneren bot die Kirche einen sehr kläglichen Anblick: Die Emporen auf beiden Seiten waren zerstört. Die Ausstattung war verbrannt. Durch das Dach regnete es durch usw.*
>
> *1989 wurde die Kirche der Orthodoxen Kirche übergeben, die das Gebäude zur Nutzung instand setzte.* **"**

Die reformierte Gemeinde wurde zuerst von Schotten, nach der Pest von 1709/10 von Nassauern und Schweizern gebildet. 1886 wurde der Grundstein für die Kirche als Ersatz für den ersten, bereits 1735 errichteten einfachen Bau gelegt; der neuromanische Bau wurde am 24. April 1890 eingeweiht.

1996

Insterburg
Sprindt

Черняховск
[Tschernjachowsk]

Stadtkreis

Nach dem Ersten Welt-
krieg wurde das Gut
Sprindt aufgesiedelt und
es entstand im Norden
der Stadt ein völlig neu-
er Stadtteil. Anfang der
30er Jahre wurde dort
eine Kirche errichtet.

>> *Nach dem Zweiten Weltkrieg war die Kirche völlig unversehrt. Sie wurde bis zum Ende der 60er Jahre als Kino und Freizeitklub genutzt. Im Jahre 1970 wurden im Gebäude Lagerräume eingerichtet. Das Fehlen jeglicher Instandhaltungsmaß-nahme führte zur Verschlechterung des baulichen Zustands. Im Jahre 1995 wurde das Gebäude zum Abriß verkauft. Wie auf dem großen Bild zu sehen, stand die Kirche noch im Jahre 1996.* >>

1996

Aulowönen

Калиновка
[Kalinowka]

Kreis Insterburg

Einfacher Feldsteinbau mit (späterem) Holzturm, zwischen 1720 und 1730 erbaut. Der Innenraum hat eine flache, niedrige Decke. Die Emporen ziehen sich um das ganze Schiff herum. Der Kanzelaltar entstand zur Zeit des Kirchenbaus.

Kirche

> „ *Diese Kirche war nach dem Kriege beschädigt und wurde schnell von den Einwohnern zerstört. Wahrscheinlich wurde sie Anfang der 60er Jahre abgerissen. Die Kirche stand, wie mir Einwohner berichteten, auf diesem Platz, an dessen Rand heute noch Linden stehen.* „

1997

111

Budupönen

Grünheide

Калужское
[Kaluschskoje]

Kreis Insterburg

Am 21. Mai 1882 wurde die kreuz-
förmige, nach gotischen und romanischen Vorbildern erbaute, mit
einem Turm bekrönte Backsteinkirche eingeweiht.

> **„**   *Während der Kampfhandlungen wurde wahrscheinlich der inzwischen abgerissene Turm beschädigt. Schiff und Altarnische sind unversehrt. Von Süden wurde ein großes quadratisches Tor durchgebrochen. Die Kirche wird als Lagerhalle für Baumaterialien genutzt.*
>
> *In der Nähe der Kirche sind keine deutschen Häuser erhalten.*   **„**

1994

Didlacken

Dittlacken

Тельманово
[Telmanowo]

Kreis Insterburg

Schlichter massiver Saalbau mit dreiseitigem Schluß, ohne Turm, aus dem Jahre 1783. Links vom Altar in der Ostwand befindet sich das Sandsteinepitaph des Gründers der alten Kirche von 1665, Pierre de la Cave, eines Hugenotten.

„ *1988 ist die Kirche erhalten. Sie wird als Getreidelager genutzt. Beide Vorhallen und die Sakristei sind unversehrt. Von Westen ist eine große quadratische Öffnung durch die Mauer geschlagen. Innen hat man eine zusätzliche Decke eingezogen, so daß die Kirche jetzt zwei Etagen und einen Dachboden hat. Im Altarbereich existiert noch ein Teil des Epitaphs des Generalmajors Pierre de la Cave. Sein Mausoleum ist aber nicht mehr vorhanden.*

Die Siedlung ist zum großen Teil erhalten.

1996: Keine wesentlichen Veränderungen gegenüber 1988. „

1994

Georgenburg

Маевка
[Majewka]

Kreis Insterburg

1693 errichteter Ziegelbau mit polygonal geschlossenem Chor und einem 1847 erhöhten Turm.

> „Bei Kriegsende war die Kirche unversehrt. Deutsche Kriegsgefangene des Lagers Georgenburg mußten das Gebäude im Sommer 1945 bis auf die Grundmauern abreißen. Allein der Turm blieb noch länger stehen und wurde erst in den fünfziger Jahren zerstört. Der Friedhof ist ebenfalls nicht mehr erhalten.“

1994

Groß Berschkallen

Birken

Гремячье
[Gremjatschje]

Kreis Insterburg

Nach der Errichtung eines massiven Turms 1878 vor dem schlichten alten rechteckigen Gotteshaus aus Feldsteinen Bau eines neuen Kirchenschiffs Anfang der 90er Jahre. 1892 eingeweiht.

,, *Nach 1945 war die Kirche unversehrt. Zunächst hatte man keine Nutzungsmöglichkeit für sie. Im Verlauf der Zeit wurde sie von den Jugendlichen des Dorfes beschädigt. Infolgedessen stürzten der Turmhelm und das Dach ein.*

Jetzt wird sie als Lagerhalle genutzt. An der Südseite wurde ein Raum aus weißen Backsteinen angebaut. Über dem Kirchenschiff wurde ein neues, sehr niedriges, mit Asbestzementplatten gedecktes Dach errichtet.

In der Siedlung existiert nur noch die Ostseite der Straße. Die Schule ist erhalten. ,,

1992

Jodlauken

Schwalbental

Володаровка
[Wolodarowka]

Kreis Insterburg

Massiver rechteckiger Bau von 1746 mit kleinem hölzernem Dachreiter. Zur Innenausstattung gehören Reste eines gotischen Schnitzaltars (um 1520), die dem Meister der Wurzel Jesse in Friedland zugeschrieben werden.

„ *Die Siedlung ist in keinem schlechten Zustand, aber sehr verwildert. Im Gebüsch kann man die als Lagerhalle genutzte Kirche, zu der eine alte Lindenallee führt, nur mit großer Mühe entdecken.*

Die nördliche Vorhalle ist nicht erhalten und die Sakristei im Osten mit eingestürztem Dach befindet sich in einem katastrophalen Zustand. Die Fenster in den halbrunden Bögen wurden auf die Größe der standardisierten Fensterrahmen verkleinert. Das Dach ist „neu" und mit Asbestzementplatten gedeckt. Östlich der Kirche sind Überreste des Friedhofs erkennbar. "

1994

Neunischken

Neunassau

Привольное
[Priwolnoje]

Kreis Insterburg

Die reformierte Gemeinde bildete sich aus Kolonisten aus der Schweiz und aus Nassau. Das Gotteshaus wurde am 31. Oktober 1873 eingeweiht; ein Bau im gotischen Stil mit Glockenturm.

,, *Nach Beendigung der Kampfhandlungen war die Kirche unversehrt, aber weil nichts für die Instandhaltung getan wurde, verfielen Dach und Dachstuhlkonstruktion. Im weiteren Verlauf wurde das Türmchen abgetragen und das Dach mit Asbestzementplatten gedeckt. Im Inneren baute man das Gebäude um; es erhielt eine Zwischendecke und hat jetzt zwei Etagen. Die Fenster wurden auf die Maße standardisierter Fensterrahmen verkleinert. Jetzt ist in der Kirche die Ortsverwaltung untergebracht.*

Zustand 1990: Außen sind die Mauern in einem befriedigenden Zustand. Die kleinen Strebepfeiler verfallen, weil die Verkleidung beschädigt ist. Einige Fenster wurden zusätzlich in die Mauer gebrochen. Die Siedlung ist sehr schmutzig und verfallen. Da die Häuser nicht instandgesetzt wurden, sind die meisten von ihnen baufällig. ,,

1993

Norkitten

Междуречье
[Meschduretschje]

Kreis Insterburg

> ❞ Nach 1945 war die Kirche unversehrt und wurde zur Lagerung von Getreide und Landwirtschaftsinventar genutzt. Zu Beginn der 60er Jahre besserte man das Dach aus und mauerte die Fenster auf der Südseite zu. Im Westen und Osten wurden große quadratische Türen für die LKW-Zufahrt durchgebrochen.
>
> In den 80er Jahren wurde der Raum als Kunstdüngerlager genutzt. 1988 befand er sich in einem katastrophalen Zustand: Die Ziegel waren kaputt, die Pfeiler verrottet und die Decke war an einigen Stellen demoliert. Sommer 1989: Es stürzte ein großer Teil des Daches ein. Es blieb nur ca. ein Fünftel davon im Osten erhalten. Die Vorhalle im Süden war noch intakt. Die Überreste der Kirche verfielen rapide.
>
> Im Jahre 1993 stürzte der Rest des Daches ein. 1995 riß das ovale Eisenband, das die Wände zusammenhielt. Im Februar 1997 stürzte im Westen ein Teil der Wand ein. ❞

Verputzter länglich-ovaler Backsteinbau, 1733 nach dem Vorbild der Georgskirche in Dessau durch Fürst Leopold von Dessau errichtet.

1985

1993

1997

118

Obehlischken

Schulzenhof

Зеленцово
[Selenzowo]

Kreis Insterburg

Die Grundsteinlegung erfolgte am 25. Mai 1888, die Einweihung des Neubaus mit Turm am 11. Oktober 1889.

> *Im Krieg wurde die Kirche nicht beschädigt. Nach 1945 wurde sie bis Ende der 70er Jahre als Lagerhalle für landwirtschaftliche Produkte und Geräte genutzt und später verlassen. Ziegel fielen vom Dach, der Dachstuhl verrottete und 1980 stürzte das Dach ein.*
>
> *1996 war die Kirche nur noch ein Mauerskelett. Die Altarnische und ihre Gewölbe sind in Ordnung, aber der Turmhelm und alle Anbauten sind verfallen. Im Inneren wachsen Bäume und Sträucher.*
>
> *Die Siedlung ist verwahrlost. In der Nähe der Kirche stehen keine Häuser mehr. Ziemlich stabile Bauten befinden sich am nördlichen Ortseingang.*

1993

Pelleningken
Strigengrund
Загорск
[Sagorsk]
Kreis Insterburg

Auf Veranlassung und auf Kosten Friedrich Wilhelms I. 1718 errichteter Fachwerkbau. 1892 wurde der Neubau der Kirche eingeweiht.

> *Nach Kriegsende war die Kirche unbeschädigt. Sie stand einige Zeit verlassen, dann wurde sie wirtschaftlich genutzt. Später wurde eine Zwischendecke eingezogen und in der oberen Etage wurde eine Sporthalle eingerichtet. Das Dach wurde mit Asbestzementplatten neu gedeckt und die Dächer der Anbauten im Osten wurden verändert. Die Kirche befindet sich im übrigen in einem befriedigenden Zustand. Sogar das Kreuz ist erhalten.*
>
> *Seit 1994 wurden Dach und Anbauten repariert, um die Kirche für die orthodoxe Gemeinde nutzen zu können. Als die Kirche im September 1996 geweiht wurde, war die Zwischendecke beseitigt. Der Friedhof ist - außer einigen Grabplatten - nicht erhalten.*

1992

Puschdorf

Пушкарёво
[Puschkarjowo]
Kreis Insterburg

> *Ein Teil des Dorfes ist zerstört. Der größte Teil des Ortes, in dem auch die Kirche steht, war bis Ende 1995 vom Militär belegt. Die Kirche überstand den Krieg unversehrt und diente der Armee als Lagerhalle. Der westliche Anbau und der Glockenturm sind nicht erhalten. Die Sakristei hingegen ist unbeschädigt. Das Dach ist mit Asbestzementplatten gedeckt.*
>
> *Infolge der Freigabe des Ortes durch das Militär Ende 1995 - die Armeestärke wird zur Zeit reduziert - ist eine geradezu dramatische Situation eingetreten: Bewohner des Dorfes, die auf der Suche nach Baumaterialien sind, haben 1996 damit begonnen, die Kirche in ihre Bestandteile zu zerlegen. Die am 24. November 1996 entstandene Aufnahme zeigt einen Mann, der das Dach abdeckt.*

Die erste, mit Stablacken gemeinsame Kirche stammte aus der Ordenszeit. Zu Anfang des 18. Jahrhunderts baute Fürst Leopold von Dessau eine neue Kirche, an deren Stelle 1769 ein schlichter Neubau errichtet wurde. Altar 1637 und Kanzel 1638, frühe Beispiele des Knorpelstils im nordöstlichen Randgebiet Preußens, um 1770 zum Kanzelaltar vereinigt. Empore um 1640, die Füllungen wohl von Michael Zeigermann bemalt.

1990

1996

121

Saalau

Каменское
[Kamenskoje]

Kreis Insterburg

Rechteckiger Bau aus Feldsteinen von 1734 mit
abseits stehendem Fach-
werk-Glockenstuhl. In den
Innenraum sind Emporen
eingezogen. Der Kanzelal-
tar zeigt klassizistische
Merkmale

> *Die Kirche, die auf einem flachen Hügel steht, war nach 1945 nicht beschädigt. Der Glockenturm ist nicht erhalten. Ein Teil der Fenster ist zugemauert, die übrigen sind mit hölzernen Fensterläden verschlossen. Alle Anbauten sind unversehrt. Das Dach ist mit Asbestzementplatten gedeckt. Die Tür im Westen ist jetzt rechteckig.*
>
> *Seit 1988 wird die Kirche als Kulturhaus und Kino genutzt. 1996: Der Putz bröckelt immer stärker ab.*

1993

Königsberg

Altroßgarten

Калининград
[Kaliningrad]

Stadtkreis

Die erste kleine 1623 errichtete Kirche mußte bald erweitert werden durch einen rechteckigen dreischiffigen Ziegelbau, zwischen 1651 und 1683 erbaut, mit vorgelegtem quadratischem Westturm, der 1693 vollendet wurde. 1932 wurde die Kirche restauriert.

1965

"" *Nach Ende der Kriegshandlungen im April 1945 war die Kirche teilweise beschädigt. Danach wurde sie aber irgendwie noch genutzt. Aber schon Anfang der 60er Jahre stellte sie nur noch ein Skelett vollständig erhaltener Mauern dar. Vorhalle und Sakristei waren abgebrochen. Der Turm war noch bis zur fünften Etage erhalten. Dann wurden die vierte und fünfte Etage demontiert. 1968 wurden die Reste der Kirche endgültig abgerissen.*

Heute verläuft hier die Straße des 9. April. ""

1991

Königsberg

Altstädtische Kirche

Калининград
[Kaliningrad]
Stadtkreis

1949

1826-1828 wurde die mittelalterliche Altstädtische Kirche (St. Nikolaus) abgerissen und der Neubau der Kirche nach einem Entwurf von Karl Friedrich Schinkel errichtet. Die Einweihung fand am 15. Oktober 1845 statt. Die Kirche ist ein neugotischer Ziegelbau mit dem Grundriß eines griechischen Kreuzes, mit polygonal geschlossenem Chor und vorgelegtem Ostturm. Von der überaus reichen Ausstattung der alten Kirche wurde nur wenig in den Neubau übernommen. Der Altar ist ein Werk aus dem Jahre 1606 (1640 vergoldet), in der Art der Schreinaltäre noch mit beweglichen Flügeln; als Leistung des nordostdeutschen Manierismus etwa der Stellung des Überlinger Altars von Jörg Zürn (1613-1616) oder des Altars in Varel von Ludwig Münstermann (1614) entsprechend. Die Kirche hat drei Glocken aus den Jahren 1469, 1622 und 1711.

> „ *Die Altstadtkirche wurde in der Nacht vom 27. auf den 28. August 1944 durch die englische Luftwaffe zerstört. Nach dem Luftangriff war der Innenraum ganz mit Schutt und Trümmerstücken bedeckt. Die Engel, die die Orgel umrahmten, lagen zerschlagen am Boden.*
>
> *Nach dem Angriff der sowjetischen Truppen auf Königsberg im April 1945 war der Turmhelm beschädigt und ein Teil der Mauern zerstört. Praktisch alle Gewölbe waren eingestürzt.*
>
> *Nach dem Krieg wurde die Ruine nach und nach zerstört und Mitte der 50er Jahre endgültig abgerissen. Bei der Neuplanung des Stadtteils legte man über den Standort der Kirche eine neue Straße, den Lenin-Prospekt.* „

1997

Königsberg

Burgkirche

Калининград
[Kaliningrad]

Stadtkreis

Reformierte Kirche. 1687-1690 nach Entwürfen von Johann Arnold Nering unter Einwirkung niederländischer Vorbilder errichteter, 1701 vollendeter Bau. Die Kanzel (1699) mit zwei Aufgängen steht auf der Längsseite des Schiffes, davor ein schlichter Tisch. Die Orgel ist ein Werk von Josua Mosengel.

1955

> *Die Burgkirche wurde durch den englischen Luftangriff 1944 stark zerstört. Das Schiff stand bis 1954, dann wurde es gesprengt. Wandreste und Turm standen jedoch - allmählich zerfallend - bis 1969, als sie endgültig abgerissen wurden. In den 70er Jahren legte man hier eine Grünfläche an. Die Kirche befand sich im Vordergrund des Bildes.*

1997

Königsberg

Christus-Kirche

Калининград
[Kaliningrad]

Stadtkreis

Gotteshaus der Evangelisch-lutherischen Kirche in Preußen (Altlutheraner). Baubeginn im Mai 1924. Weihe am 8. August 1926. Damit erhielt die seit siebzig Jahren bestehende altlutherische Gemeinde ein eigenes Kirchengebäude.

" *Während des Krieges wurde die Kirche stark zerstört. Ihre Ruine stand bis zum Beginn der 60er Jahre. Danach wurde sie allmählich abgerissen.*

Heute sind noch Fundamentreste zu erkennen. "

1997

Königsberg

Dom

Калининград
[Kaliningrad]
Stadtkreis

1995

Dreischiffige Hallenkirche aus Ziegeln mit einer für Ostpreußen ungewöhnlichen zweitürmigen Westfront. Als Gründungstag der Domkirche gilt der 13. September 1333 als Hochmeister Luther von Braunschweig seine Zustimmung zur Fortsetzung der Bauarbeiten gab. Am 27. September 1523 hielt Johannes Briesmann im Dom die erste evangelische Predigt des Ordens-

landes. Die Ausstattung des Gotteshauses ist sehr reich und enthält Zeugnisse aller Jahrhunderte seit dem Bestehen des Gebäudes. Im Osten schließt das Mittelschiff durch einen Triumphbogen ab, dessen überlebensgroßer Kruzifix auf 1520 zu datieren ist. Der Altar von 1591 zeigt das Gemälde "Das jüngste Gericht" von Anton Moeller. Die prachtvolle Orgel mit Prospekt ist ein Werk von Josua Mosengel (1718-1721), 1888 von Terletzki-Königsberg umgebaut. Die drei Beichtstühle werden Isaac Riga zugeschrieben. An der Ostwand des hohen Chors, der Fürstengruft, befindet sich das 1572 vollendete Grabmal Herzog Albrechts von Cornelis Floris. Der Dom hat fünf Glocken; die Glocke von 1492 ist die größte in Ostpreußen.

> *In der Nacht vom 27. auf den 28. August 1944 wurde der Dom beim Angriff der englischen Luftwaffe stark beschädigt, der ganze Innenraum brannte aus. Die Gewölbe stürzten teilweise ein. Zerstört wurden der wunderschöne Hochaltar und die herrliche Taufkapelle, ebenso zahlreiche Epitaphien und die steinerne Kanzel. Wie durch ein Wunder blieben die Deckplatte des Grabes von Herzog Albrecht sowie die angrenzende Wallenrodtsche Bibliothek erhalten.*
>
> *Schon während des Angriffs der sowjetischen Truppen auf Königsberg im April 1945 war der stark beschädigte Dom zusätzlicher Zerstörung ausgesetzt, wurde aber dennoch nicht endgültig zerstört. In einem guten Zustand befand sich das Kant-Grab.*
>
> *In der Nachkriegszeit verfiel der Dom weiter und um 1964 war er in einem baulich gefährlichen Zustand. 1970 öffneten die Behörden die Grabgewölbe im Chorbereich; teilweise entfernte man die Überreste der Begrabenen. Was man dort entdeckte, ist bis heute nicht bekannt.*
>
> *1982 wurde ein weiterer "Angriff" auf den Dom durchgeführt - die sogenannte Konservierung. Praktisch wurden dabei die Reste der Grabplatte Albrechts und noch erhaltene Epitaphien vollkommen zerstört; die Behörden waren stolz auf ihr Werk.*
>
> *Nach 1985 begann eine neue Etappe in der Geschichte des Doms, auf den sich nun die Aufmerksamkeit von Behörden und Öffentlichkeit richtete. In Gesellschaften wie "Dom", "Wiedergeburt", "Friedländer Tor", "Preußen" usw. schlossen sich historisch Interessierte zusammen und beschlossen, das Innere des Doms zu säubern. Im Ergebnis wurden mit dem Müll auch Fragmente der alten Innenausstattung beseitigt.*
>
> *Seit 1992 laufen umfassende, jedoch leider nicht fachgerecht durchgeführte Erhaltungsarbeiten: Der Nordturm wurde durch eingezogene Betondecken und -gurte verstärkt. 1994 erhielt der Südturm einen mit Kupfer verkleideten Helm, ein Jahr später Glocken und ein Uhrwerk.*
>
> *Heute ist der Dom eine entstellte, "konservierte" Schachtel.*

Königsberg

Französisch-reformierte Kirche

Калининград
[Kaliningrad]
Stadtkreis

1733-1736 nach Plänen von Schultheiß von Unfriedt errichteter Bau mit dem Grundriß eines länglichen Zehnecks. Der Turm wurde nur bis zum Kirchendach ausgeführt. Der Gesamteindruck des Innern leicht und anmutig.

„ *Diese Kirche wurde während der Kampfhandlungen im Zweiten Weltkrieg stark zerstört. Ihre Ruine wurde Ende der 50er Jahre weiter zerstört. In den Jahren 1967/1968 wurden die letzten Überreste beseitigt. In den 70er Jahren errichtete man hier ein Kaufhaus mit einem Parkplatz davor.* **„**

1968

1997

128

Königsberg

Friedenskirche

Калининград
[Kaliningrad]
Stadtkreis

Ein als Interimskirche gedachtes Gebäude mit kleinem Turm, das am 26. Juni 1913 eingeweiht wurde.

Friedenskirche
Königsberg O.-Pr., Königstr. 10

> " *Während des Angriffs auf Königsberg wurde die Kirche stark beschädigt. Ihre Ruine stand noch einige Zeit vernachlässigt. Anfang der 60er Jahre - vor der Errichtung eines neuen Stadtteils - wurde sie endgültig abgerissen. Standort der Kirche war die jetzt freie Fläche in der Bildmitte, wo man noch Feldsteine und Ziegelreste entdecken kann.* "

Königsberg

Friedenskirche

Калининград
[Kaliningrad]
Stadtkreis

1997

Königsberg

Haberberg

Калининград
[Kaliningrad]

Stadtkreis

Trinitatiskirche, auf leichter Erhebung gelegen. Rechteckiger verputzter Ziegelbau, zwischen 1653 und 1683 errichtet, nach einem Brand 1748-1753 neu erstellt, mit einem Turm, der auf das Jahr 1705 zurückgeht, dessen Oberbau aber erst aus dem Jahre 1775 stammt. Der Innenraum mit Emporen ist dreischiffig. Die einheitliche Ausstattung stammt aus der zweiten Hälfte des 18. Jahrhunderts. Die Orgel, von Adam Gottlob Casparini erbaut, gehörte zu den stattlichsten und schönsten Werken, die in Ostpreußen um diese Zeit geschaffen wurden.

> **„** *Die Ruinen der Trinitatis-Kirche, die im Zweiten Weltkrieg zerstört wurde, standen - immer weiter verfallend - bis Ende der 50er Jahre. Dann wurden sie zu Beginn der 60er Jahre zusammen mit dem sich anschließenden Friedhof endgültig abgerissen. Schädel von diesem Friedhof lagen einige Zeit entlang der Straßenbahngleise, wurden dann aber weggebracht. Wo früher Kirche und Friedhof waren, befinden sich heute eine Grünfläche und das Kino "Oktjabr".* **„**

1990

Königsberg

Juditten

Калининград
[Kaliningrad]
Stadtkreis

1983

Breiter einschiffiger, zweijochiger, 3/8 geschlossener, polygonaler Chor mit Backsteinecken; erst 1402 erstmals erwähnt, doch eine der ältesten Kirchen Ostpreußens, deren Bau mit dem Chor im 13. Jahrhundert begonnen wurde. Der ursprünglich freistehende, ummauerte hölzerne Turm aus dem 16. Jahrhundert wurde durch einen Zwischenbau mit der Kirche verbunden. Der Chor ist mit Sterngewölben, das Langhaus mit sog. Springgewölben überdeckt. 1906/07 wurden wertvolle Wandmalereien (um 1400) entdeckt. Die Kirche liegt reizvoll auf einer Anhöhe und ist in Architektur und Ausstattung gleich bedeutsam. Als berühmten Wallfahrtsort pilgerte auch Hochmeister Conrad von Jungingen zu dieser Stätte.

" *Die Kirche wurde während des Angriffes auf Königsberg im April 1945 praktisch nicht beschädigt. Wie Augenzeugen berichten, haben die bis 1948 hier lebenden Deutschen in ihr Gottesdienste gefeiert.*

Dafür wurde die Kirche nach der Aussiedlung der Deutschen durch die Übersiedler aus der UdSSR für den eigenen Bedarf zerstört. Bald stürzte das Dach des Hauptschiffes ein und gegen Ende der 50er Jahre zerstörte man das Dach des Chores und des Übergangs vom Turm zum Schiff. Zu Beginn der 60er Jahre war der Turmhelm beschädigt. Um 1964 begann der obere Teil des Turms einzustürzen. In den 70er Jahren wurden die Mauern zerstört und der Friedhof ausgeraubt.

Zu Beginn der 80er Jahre beschloß man, die Kirchenruine Juditten der Orthodoxen Kirche zur Restaurierung und Eröffnung eines Gotteshauses zu übergeben.

1984 begannen die Restaurierungsarbeiten, 1986 wurde die Kirche eingeweiht und bereits der erste Gottesdienst gehalten. 1988 war die gesamte Kirche einschließlich des rekonstruierten Turmes wiederhergestellt. "

1996

Königsberg

Kalthof

Калининград
[Kaliningrad]
Stadtkreis

Kaiser-Friedrich-Gedächtniskirche. Nachdem 1905 der Grundstein gelegt worden war, wurde die Kirche 1907 geweiht. Der nach Entwürfen des Baumeisters Siebold-Bethel (Bielefeld) errichtete Backsteinbau zeigt eine starke Anlehnung an den Stil der Ordenskirchen. Der Innenraum, der in ein Hauptschiff und ein nördliches Seitenschiff unterteilt ist, wird von einer hölzernen Trapezdecke überdeckt. Altar und Kanzel sind Holzarbeiten im neugotischen Stil. Die Orgel baute Novak - Königsberg. Die Kirche hat drei Glocken. Die Gemeinde wurde von Altroßgarten abgezweigt.

" *Während der Kampfhandlungen im Zweiten Weltkrieg wurde die Kirche stark zerstört. In der Nachkriegszeit verfiel sie allmählich und wurde von der Bevölkerung zur Gewinnung von Baumaterial auseinandergenommen.*

1985 war sie noch an kleinen Mauerfragmenten und Resten des Turms, die teilweise bis zu 3 Meter hoch waren, zu erkennen. Ende der 80er Jahre wurde sie endgültig abgerissen und an ihrer Stelle ein Wohnhaus erbaut. "

1980

1994

Königsberg

Königin-Luise-Gedächtniskirche

Калининград
[Kaliningrad]

Stadtkreis

Ein unter Leitung des Architekten Friedrich Heitmann errichteter Bau im neuromanischen Stil mit spitzem Turm. Eingeweiht wurde die Kirche am 9. September 1901. Der Altar hat einen Baldachin, dahinter das Mosaikgemälde "Jerusalem"; rechts davon befindet sich eine holzgeschnitzte Kanzel, links die Kaiserloge. Die Orgel wurde von Terletzki - Königsberg gebaut. Die Kirche hat drei Glocken. Die Gemeinde wurde am 1. Juli 1902 selbständig von der Altstädtischen Kirche abgezweigt. Sie umfaßte Vorderhufen, Mittelhufen, Amalienau und Neue Bleiche.

„ *Während der Kampfhandlungen wurde die Kirche beschädigt. Möglicherweise nutzte die verbliebene deutsche Bevölkerung sie aber nach dem Krieg einige Zeit für Gottesdienste.*

Nach der Verbannung der Deutschen wurde sie von der Verwaltung des Kultur- und Erholungsparks als Lagerraum genutzt. Um 1958 fehlte das Kirchendach, das durch eine gewölbte Decke ersetzt wurde. Die Turmspitzen und die Dächer der Anbauten waren stark zerstört. Das südlich stehende Gemeindehaus und das Pfarrhaus waren vollständig abgerissen, der Schutt beseitigt. Von diesen Gebäuden ist jede Spur verschwunden. 1958 plante man, die Kirche wiederherzustellen und als städtisches Kino zu nutzen.

Ausgearbeitet wurde dieses Projekt jedoch erst 1970 und dann für ein Puppentheater. 1971 begannen die Bauarbeiten, die 1976 abgeschlossen waren. Die Turmspitzen und Dächer wurden mit Kupferplatten gedeckt. Der südliche einstöckige Anbau erhielt zwei Etagen. Die Statue eines sitzenden Christus wurde heruntergeschlagen. Auf dem Dach wurde ein spitzes Türmchen errichtet. Am Turm brachte man Uhren an.

Im Innern befindet sich anstelle des Altars ein Vestibül. Im Innenraum wurde eine Zwischendecke eingebaut. Auf der oberen Etage ist der Saal des Puppentheaters. Unten sind Garderobe und Wirtschaftsräume. Drei Fenster auf der Südseite wurden zugemauert.

Heute gehört das Gebäude zum Parkkomplex, der sich zum Teil auf dem ehemaligen Friedhof befindet. „

1991

Königsberg

Kreuzkirche

Калининград
[Kaliningrad]

Stadtkreis

Nach ersten Plänen (1914) wurde der Bau 1930-1933 unter Leitung des Architekten, Geh. Oberbaurat Kickton –Berlin, errichtet und am 7. Mai 1933 eingeweiht. Es ist ein Zentralbau mit vorgesetztem Doppelturm und durch Cadiner Klinker verblendet.

>> *Diese Kirche hat die englische Bombardierung 1944 und den Angriff auf die Stadt 1945 wohlbehalten überstanden. Nur der südliche Turmhelm war beschädigt.*

Nach dem Krieg wurde der Kirchenraum als Autowerkstatt genutzt. Aber durch ein großes Feuer brannte sie vollkommen aus und das Dach stürzte ein. Nach all dem wurden die Reste der Kirche in den 50er Jahren einer Fabrik für Jagdgeräte überlassen. 1961 beschloß die Kommission der Kulturverwaltung für Denkmalschutz, die Kirche weiter nur als Fabrik nutzen zu lassen. Reparaturen wurden durchgeführt, ein neues Dach aufgeschlagen und eine Zwischendecke eingebaut. Nachdem 1988 entschieden worden war, die Kirche der orthodoxen Gemeinde zu übergeben, begannen Bauarbeiten zur Wiederherstellung des Gebäudes. Die südliche Kuppel wurde rekonstruiert. Noch während der Bauarbeiten begann man im Kirchenraum orthodoxe Gottesdienste zu feiern. >>

1996

1960

Königsberg

Löbenicht

Калининград
[Kaliningrad]
Stadtkreis

St. Barbara auf dem Berge. Am 1. Dezember 1776 eingeweihter rechteckiger verputzter Ziegelbau mit vorgelegtem Westturm. Kanzel und Altar (1776) aus der Werkstatt von Friedrich Suhse bilden ein Ganzes zwischen einem von Säulen getragenen architektonischen Aufbau.

,, *Die Löbenichter Kirche hat während des englischen Luftangriffs 1944 Schaden genommen. Weiter beschädigt wurde sie während des sowjetischen Angriffs auf Königsberg im April 1945. Der Turmhelm und der Innenraum wurden vollständig, die Mauern bis auf Fragmente zerstört.*

Nach 1945 wurde zuerst der Turm, danach wurden die Mauern abgerissen.

Durch eine Verfügung des Ministerrats der RSFSR vom 14. August 1961 wurde die Löbenichter Kirche von der Liste der Architekturdenkmäler, die gemäß der Verordnung des Ministerrats der RSFSR vom 30. August 1960 als staatliche Denkmäler der Erhaltung unterliegen sollten, gestrichen.

Endgültig abgerissen wurden die letzten Reste der Kirche 1970. An ihrem Standort befindet sich heute ein elfgeschossiges Hochhaus. ,,

1947

1997

Königsberg

Lutherkirche

Калининград
[Kaliningrad]

Stadtkreis

Nach Entwurf des Architekten Heitmann ab 1907 errichtetes Gebäude, das am 18. Dezember 1910 eingeweiht wurde, ein Zentralbau im Renaissancestil mit hohem Turm.

1962

" *Während der Kämpfe um Königsberg wurde diese Kirche kaum beschädigt.*

Nach dem Krieg wurde sie nicht genutzt und stand bis zum Mai 1976. Dann wurde sie gesprengt und die Trümmer weggefahren. Wo die Kirche stand, wurde ein symmetrisch bepflanztes Blumenbeet angelegt.

Dies war die letzte Kirche in Königsberg, die von den Behörden zerstört wurde. "

1990

Königsberg

Maraunenhof

Калининград [Kaliningrad]

Stadtkreis

König-Ottokar-Kirche/später: Herzog-Albrecht-Gedächtniskirche. Grundsteinlegung: 19. Mai 1911, Einweihung: 12. Januar 1913. Ein nach Entwürfen der Architekten Mattar und Scheler errichteter Bau im romanischen Stil mit wuchtigem Turm.

" *Während des Angriffs auf Königsberg vom 6. bis 9. April 1945 gab es im Bezirk der Herzog-Albrecht-Gedächtniskirche keine heftigen Kämpfe und die Kirche blieb praktisch unversehrt. Lediglich Dachziegel waren kaputtgegangen.*

Nach dem Krieg nutzte die verbliebene örtliche deutsche Bevölkerung sie möglicherweise für Gottesdienste.

Nach der Zwangsaussiedlung der deutschen Bevölkerung wurde sie innen ausgeraubt. Lange Zeit wurde sie nicht genutzt. Infolge fehlender Wartung und Reparatur begann sie zu verfallen. Bis Mitte der 60er Jahre überragte der Kirchturm den Stadtteil. Nachdem Ende der 60er Jahre ihr Zustand als unfallträchtig festgestellt worden war, begann man die Kirche zu demontieren, 1970 wurde sie gesprengt. 1972 wurde sie endgültig abgerissen und an der Stelle wurden Straßenbahnschienen verlegt. "

1968

1997

Königsberg

Neuroßgarten

Калининград
[Kaliningrad]
Stadtkreis

Rechteckiger verputzter Ziegelbau, dessen Grundsteinlegung am 31. Mai 1644 und dessen Einweihung am 5. Dezember 1647 erfolgte. Der vorgelegte Westturm mit welscher Haube wurde 1685 bis 1695 errichtet. Der Altar, zwischen 1647 und 1652 entstanden, zeigt eingerahmt zwischen je zwei Säulen und reichem Schnitzwerk die Kreuzigung, im Obergeschoß die Auferstehung und darüber im Medaillon die Himmelfahrt. Die Kanzel von 1648 wird von einem Engel getragen. Ein großes Kruzifix von 1676 ist das erste beglaubigte Werk von Isaac Riga. Die Orgel (1737) ist eine Arbeit von Siegmund Casparini mit reichem bildhauerischem Schmuck.

1972

„ Die Kirche wurde während der Kampfhandlungen im Zweiten Weltkrieg stark beschädigt. Lange Zeit wurde ihre Ruine genutzt, um Baumaterial zu gewinnen.

Um 1972 waren noch anderthalb Etagen des Turmes und Teile der Mauern erhalten. 1975 wurde die Kirche endgültig abgerissen. Heute befindet sich hier eine Grünanlage. „

1992

Königsberg

Ponarth

Калининград
[Kaliningrad]

Stadtkreis

Einfacher Ziegelbau im gotischen Stil, am 23. Juli 1897 eingeweiht. Die Gemeinde wurde 1899 als eigener Seelsorgebezirk gegründet.

> *Während des Angriffes im April 1945 wurde der Turmhelm beschädigt, der nördliche Giebel erhielt einen Artillerieeinschuß. Nach Kriegsende wurde die Kirche für Gottesdienste der gebliebenen Deutschen genutzt. Nach der Aussiedlung der deutschen Einwohner wurde die Kirche geschlossen. Sie wurde als Lager genutzt, später wurde im Kirchenraum eine Turnhalle eingerichtet. In den 80er Jahren wurde das Ziegeldach durch Asbestzement-Platten ersetzt.*
>
> *Seit einigen Jahren dient das Gebäude der orthodoxen Gemeinde als Gotteshaus.*

1997

Königsberg

Probsteikirche

Калининград [Kaliningrad]

Stadtkreis

Katholische Kirche. Neubau nach Brand 1763-77 von Baudirektor Joh. Samuel Lilienthal. Der verputzte Baukörper aus rechteckigem Langhaus und Turmfassade streng zusammengefaßt. Hauptton auf der schweren Masse des Eingangbaus, der durch strebepfeilerartige Vorlagen gegliedert wird und in dem gedrungenen, kuppelgekrönten Turm gipfelt.

1961

> *Die katholische Kirche wurde während des englischen Luftangriffs im August 1944 und während des Angriffs der sowjetischen Truppen im April 1945 schwer beschädigt. Dach, Turmhelm und Zwischendecken im oberen Teil des Turmes wurden dabei vollständig zerstört.*
>
> *Nach dem Krieg standen nur noch die Mauern des Kirchenschiffs und der Turm. Und dennoch wurde das Gebäude unter staatlichen Denkmalschutz gestellt. Das Fehlen jeglicher Instandhaltung führte zu Einsturzgefahr. 1961 kam eine Untersuchungskommission zu dem Ergebnis, daß das Gebäude der katholischen Kirche nicht wiederhergestellt werden könnte, weil Risse die Mauern durchzogen, konstruktive architektonische Elemente fehlten und die Fundamente, die tiefe Risse aufwiesen, sich abgesenkt hatten. Aufgrund dessen ersuchte die Kommission, das Gebäude von der staatlichen Denkmalschutzliste zu streichen.*
>
> *Danach begann die Kirche allmählich zu zerfallen. Ihre Ruine wurde schließlich in der ersten Hälfte der 60er Jahre abgerissen. An der Stelle der Kirche befindet sich heute die Straße Moskauer Prospekt (Bildmitte).*

1997

Königsberg

Ratshof

Калининград
[Kaliningrad]
Stadtkreis

Ziegelbau mit weithin sichtbarem freistehendem Turm, nach einem Entwurf von Kurt Frick – Königsberg. Der Innenraum mit flacher Holzdecke auf acht hohen Ziegelpfeilern ist einfach gehalten. Altar und Kanzel sind aus Eichenholz, auch das hohe Kreuz hinter dem Altar. In der Taufkapelle steht ein Taufstein aus bayerischem Muschelkalk. Der gehämmerte Messinghelm wurde in der Werkstatt des Bildhauers Stanislaus Cauer – Königsberg gearbeitet. Über der dem Altar gegenüberliegenden Empore erhebt sich die Orgel, deren Prospekt abwechselnd in Holz und Metall gestaltet wurde. Die Einweihung der Kirche erfolgte am 31. Oktober 1937.

> **„** *Während des Krieges wurde die Kirche stark beschädigt. Der Turm hatte mehrere Artilleriedurchschüsse. Auch das Dach war beschädigt.*
>
> *Gleich nach dem Krieg wurde in der neben der Kirche gelegenen Waggonbau-Fabrik die Produktion wieder in Gang gesetzt und ihr die Kirche als Kulturhaus überlassen. Bald darauf wurde das Gebäude wiederhergestellt. Danach wurde es öfter repariert und umgebaut. Der noch stehende Turm mit seinen im oberen Teil vermauerten Öffnungen erinnert daran, daß hier eine Kirche war. Das Gebäude wird nach wie vor als Kulturhaus und Diskothek genutzt.* **„**

1991

Königsberg

Rosenau

Калининград
[Kaliningrad]

Stadtkreis

Die seit 1911 selbständige Kirchengemeinde erhielt ihr Gotteshaus nach Überwindung vieler Schwierigkeiten. Am 23. Juni 1914 wurde der Grundstein gelegt. Bis 1925 mußte der Bau ruhen; das fertige Gebäude im gotischen Stil konnte am 12. Dezember 1926 eingeweiht werden. Seine Fundamente ruhen auf Granitsteinen der alten Königsberger Festungswerke.

> *Während der Kampfhandlungen 1945 wurde die Kirche durch Artilleriebeschuß leicht beschädigt. Möglicherweise hielt die noch verbliebene deutsche Bevölkerung in ihr gleich nach dem Krieg Gottesdienste ab. Danach wurde die Kirche als Lagerraum genutzt.*
>
> *1990 wurde beschlossen, die Kirche den orthodoxen Gläubigen zu übergeben.*

1990

Königsberg

Sackheim

Калининград
[Kaliningrad]

Stadtkreis

Am 22. Januar 1769 eingeweihter rechteckiger chorloser Bau aus Feldsteinen und Ziegeln mit vorgelegtem Westturm, nach Entwürfen des Baudirektors Bergius zum Teil auf den Mauern der 1640 bis 1648 erbauten, 1764 abgebrannten Kirche errichtet. Der Turmhelm war 1771 vollendet.

> *„ Während der Kampfhandlungen 1944-1945 wurde die Kirche stark beschädigt und schon Mitte der 50er Jahre vollständig abgerissen. Lange Zeit war hier ein wüster Platz. Später tauchte ein kleines Lagerhaus auf. Heute gibt es hier Buden mit privaten Läden und einem Café. "*

1997

Königsberg

Schloßkirche

Калининград
[Kaliningrad]
Stadtkreis

In den ursprünglich einschiffigen, 1591 eingeweihten kirchlichen Raum im Hauptgeschoß des Westflügels des Schlosses wurde 1602 bis 1608 als Ersatz für die hölzerne Deckenkonstruktion ein auf Pfeilern ruhendes gemauertes Sterngewölbe eingezogen. Als Krönungskirche wurde der Raum 1706 mit Empore, königlicher Loge und Kanzelaltar nach Entwürfen Schultheiß von Unfriedts ausgestattet. Von großem Wert sind die Altargeräte aus dem 16. und 17. Jahrhundert. Die Orgel wurde 1732 von Adam Gottlob Casparini erbaut.

> *Die Schloßkirche wurde während des englischen Luftangriffs Ende August 1944 zerstört. Weitere Zerstörungen gab es beim Angriff der sowjetischen Truppen im April 1945.*
>
> *Die Ruinen des Westflügels des Schlosses standen bis 1969, als sie auf Befehl der Gebietsparteileitung und gegen die Forderungen der Öffentlichkeit endgültig abgerissen wurden.*
>
> *Schloß und Schloßkirche befanden sich auf der freien Fläche in der Mitte und links.*

1964

1997

Königsberg

St. Adalbert auf den Hufen

Калининград
[Kaliningrad]
Stadtkreis

Katholische Kirche. Die Kirche ist ein einfacher Bau von Friedrich Heitmann. Sie wurde 1904 als Kapelle eingeweiht und 1932 zur St. Adalbert-Kirche ausgebaut.

„   *Während der Kampfhandlungen beim Angriff auf Königsberg im April 1945 wurde die Kirche beschädigt. Ein neuer Anbau und der Turmhelm trugen die meisten Schäden davon.*

Nach dem Krieg wurde der Anbau abgerissen, um Backsteine zu gewinnen, der alte Teil der Kirche wurde einem Prothesenbetrieb überlassen, der bis 1975 in der Kirche blieb. Dann wurde das Kirchengebäude dem Magnet-Ionosphären-Observatorium "Izmiran" übergeben. Der Innenraum wurde umgebaut und in drei Stockwerke aufgeteilt.

Pfarrhaus und Friedhof sind nicht erhalten. “

1949

1992

Königsberg

St. Josef-Kirche

Калининград
[Kaliningrad]
Stadtkreis

Katholische Kirche. Die Grundsteinlegung erfolgte 1931, die Weihe
1932. Die Kirche liegt im Stadtteil
Ponarth in der Nähe der evangelischen Kirche.

„ *Nach Beendigung der Kampfhandlungen in Königsberg war die Kirche in Ponarth praktisch unversehrt. Eine Ausnahme bildete der obere Teil des Turmes, der später abgerissen wurde.*

In der Nachkriegszeit wurde die Kirche als Kulturhaus der Eisenbahner und als Kinotheater genutzt. 1969 wurde das Kulturhaus in ein neues Gebäude verlegt und die Kirche der Städti-schen Handelsgesellschaft zur Nutzung als Werkabteilung übergeben. Das Gebäude wurde viel-mals umgebaut und außen wie innen, wo es jetzt zwei Etagen gibt, stark verändert. „

1992

Königsberg

Steindammer Kirche

Калининград
[Kaliningrad]
Stadtkreis

Die ehemalige Nikolaus-Kirche aus der Mitte des 13. Jahrhunderts ist das älteste Gotteshaus Königsbergs. Der Neubau aus dem ersten Viertel des 14. Jahrhunderts ist eine einschiffige verputzte Backsteinkirche mit dreiseitig geschlossenem Chor. Der Innenraum hat ein Sterngewölbe; das Langhaus ist vom Chor durch einen niedrigen Triumphbogen getrennt. Der westlich vorgelegte Backsteinturm wurde erst im 15. Jahrhundert errichtet, 1572 erhielt er seinen Oberbau, der in der Mitte des 19. Jahrhunderts erneuert wurde. Der Altar von 1670 mit Schnitzereien hat im Hauptgeschoß ein Gemälde von Anton Moeller "Das jüngste Gericht", auf der Rückseite die Kreuzigung. Die Kirche, die nach Einführung der Reformation das Gotteshaus der Polen und Litauer war, 1760 für russisch-orthodoxen Gottesdienst benutzt wurde, auch zeitweilig als Lazarett und Arresthaus Verwendung fand und schließlich als Garnisons- und Universitätskirche diente, mußte im Laufe ihrer wechselvollen Geschichte mehrmals gründlich renoviert werden.

> Im Zweiten Weltkrieg bombardierte die englische Luftwaffe in der Nacht vom 27. auf den 28. August 1944 das Stadtzentrum. Dabei haben viele Kirchen Schaden genommen, darunter auch die Steindammer Kirche. Das Dach stürzte ein und die Innenausstattung brannte aus. Während des sowjetischen Angriffs auf Königsberg im April 1945 wurde die Kirche vollständig zur Ruine.
>
> Bereits in dem noch während der Kämpfe gedrehten Dokumentarfilm "Sturm auf Königsberg" war von ihr fast nichts mehr zu sehen. Völlig vernichtet wurde sie bei der Neugestaltung des Stadtteils in den 50er Jahren.
>
> Über den Standort der Kirche führt heute eine der Hauptstraßen der Stadt, der Lenin-Prospekt.

1997

Königsberg

Tragheim

Калининград
[Kaliningrad]

Stadtkreis

Der 1708-1710 nach Entwürfen Schult-heiß von Unfriedts errichtete Bau brannte 1783 ab, wurde unter Benutzung alter Mauern wieder aufgebaut und Weihnachten 1784 eingeweiht. Der Grundriß ist ein griechisches Kreuz. Der vorgelegte Westturm mit Notdach stammt noch von dem im gotischen Stil im 17. Jahrhundert errichteten Gründungsbau (1632).

> *Während der Kriegshandlungen wurde die Kirche stark beschädigt. Ihre Ruine wurde in den 50er Jahren auseinandergenommen. Ende der 60er Jahre riß man die Überreste beim Bau der General-Sommer-Straße vollständig ab. An der Stelle der Kirche befindet sich heute eine baumbewachsene Rasenfläche vor einem Wohnblock.*

1994

Königsberg

Zur Heiligen Familie

Калининград
[Kaliningrad]

Stadtkreis

Katholische Kirche. Der neugotische Bau wurde nach Entwürfen von Friedrich Heitmann von 1904 bis 1907 errichtet.

> *Die Kirche "Zur Heiligen Familie" hat während des Angriffs auf Königsberg Schaden genommen. Aber die dichte Umbauung der Kirche mit Wohnhäusern hat sie vor starker Beschädigung bewahrt. Im wesentlichen wurde der Turm beschädigt. Nach dem Krieg wurde der Kirchenraum als Lager genutzt.*
>
> *Anfang der 70er Jahre begann man die Kirche zu renovieren, um in ihr einen Konzertsaal der Kaliningrader Philharmonie zu eröffnen. 1980 wurden in ihr die ersten Konzerte aufgeführt. Am 20. Oktober 1982 wurde im Konzertsaal durch die tschechoslowakische Firma "Regert Kloss" eine Orgel eingebaut. Heute ist die Kirche bei den Einwohnern der Stadt sehr beliebt. Weltbekannte Musiker gastieren hier. 1990 wurde ein internationales Festival für Orgelmusik durchgeführt.*

1962

1993

Arnau
Марьино [Marjino]
Kreis Königsberg

" *Die Kirche wurde offensichtlich während der Kampfhandlungen 1945 beschossen, wobei vermutlich der Turmhelm teilweise zerstört wurde. Er fehlt heute völlig. Da das Gebäude insgesamt gut erhalten war, wurde es von der örtlichen Kolchose als Lagerhalle genutzt.*

Das alte Dach von Chor und Schiff ist nicht erhalten. Bei der Neueindeckung mit Asbestzementplatten, die teilweise schon wieder Risse aufweisen, flachte man das Dach beträchtlich ab. In die Sakristei wurde eine quadratische Tür gebrochen. Die nördliche Vorhalle ist zerstört. Am nördlichen Strebepfeiler des Turmes war noch 1988 eine Grabplatte aus dem 18. Jahrhundert angebracht. 1989 war sie abgerissen und lag auf der Erde.

Seit 1994 genehmigen die Behörden in Etappen den Partnervereinen „Gedenkstätten Königsberg" und „Pamjatniki Kёnigsberga" die Umsetzung der Planung für eine „Kulturzone Arnau". Die Gelder für das Projekt kommen aus Deutschland. **"**

Die ehemalige Wallfahrtskirche (1364) liegt auf steilem Hügel über dem Fluß Pregel. Sie ist eines der wichtigsten Baudenkmäler des Ordenslandes mit einer Reihe origineller Sonderlösungen in der erfindungsreichen und freien Gestaltungsweise der früheren Ordenszeit. Der einschiffige Bau mit eingezogenem Chor in der für Ostpreußen seltenen Anlage mit 5/8- (statt 3/8-) Schluß. Die Kirche ist aus Backstein, streckenweise auf Feldsteinsockel erbaut. Der älteste Teil des Chores entstand etwa 1340-50. Der Innenraum, der durch den niedrigen Triumphbogen zweiteilig wirkt, ist kunstvoll gewölbt. Einmalig in Ostpreußen die Ausweitung des Chorhaupts, nächstes Beispiel die Franziskanerkirche in Berlin. Die Wandmalereien aus der Entstehungszeit der Kirche mit Darstellungen aus der Heilsgeschichte und Legenden wurden 1911 freigelegt. Dieses Speculum humanae salvationis entspricht dem im Königsberger Dom.

1997

Borchersdorf

Зеленополье
[Selenopolje]

Kreis Königsberg

Schlichter chorloser Feldsteinbau mit vorgebau-
tem Turm, 1735 vollendet. Der barocke Altar
wird der Schule Isaac Rigas zugeschrieben; die
Kanzel entstand 1734, der Beichtstuhl 1770.

> „ *Gegen Ende des Zweiten Weltkrieges
> geriet die Kirche unter Artilleriebeschuß,
> wobei der Turmhelm zerstört und die Süd-
> mauer beschädigt wurden.*
>
> *1990 wird die Kirche landwirtschaftlich
> genutzt. Im Süden ist ein hölzerner Schup-
> pen angebaut, die Sakristei im Osten ist
> abgerissen. Der nördliche Anbau verfällt
> zusehends, weil das Ziegeldach beschädigt
> ist. Alle Türen (im Turm, in der Vorhalle
> und in der Ostmauer) haben eine recht-
> eckige Form bekommen. Um die ganze Kir-
> che herum ist unter dem Dach stellenweise
> noch eine Inschrift zu erkennen. Das Dach
> ist baufällig, teilweise eingestürzt.*
>
> *1994 wird die Kirche völlig unbrauchbar. Sie
> steht jetzt leer und ungenutzt. Auf dem Fried-
> hof neben der Kirche ist noch eine Grabplatte
> aus dem 19. Jahrhundert erhalten.* „

1996

Groß Ottenhagen

Берёзовка
[Berjosowka]

Kreis Königsberg

Verputzter Feldsteinbau mit Ziegelecken und einem vorgelegten Westturm aus dem 15. Jahrhundert. Das Langhaus wurde Mitte des 18. Jahrhunderts durch Querhausarme erweitert.

> Während des Krieges war die Kirche stark beschädigt worden. Der Turmhelm war zerstört und das Dach abgebrannt. Mit der Zeit verfielen die Mauern.
>
> 1996 existieren nur noch der halbzerstörte Turm und anderthalb Meter hohe Mauerfragmente. Der Friedhof ist nicht erhalten. Auch die Siedlung hat im Krieg schwer gelitten. Ihren unteren Teil an der Straße Königsberg - Tapiau gibt es bis auf einige Häuser nicht mehr. Vom Oberdorf ist nur der Straßenabschnitt von der Kirche nach Süden erhalten.

1994

Haffstrom

Калининград
[Kaliningrad]

Kreis Königsberg

Schön am Haff gelegen. In mehreren Bauabschnitten seit dem 14. Jahrhundert errichteter, verputzter Feldstein- und Ziegelbau. Der Westturm wurde unter Verwendung alter Teile 1817 wieder aufgebaut. Als Patronatskirche pfleglich ausgestattet. Die Glasmalereien von 1837 wurden nach Vorbildern in der Kathedrale in Rouen und im Kölner Dom von Vaertel aus München ausgeführt. Der Altar um 1645 ist ein Werk des ausklingenden Manierismus.

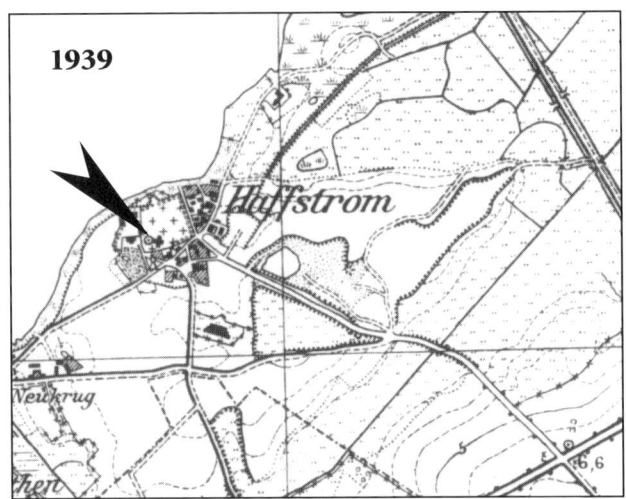

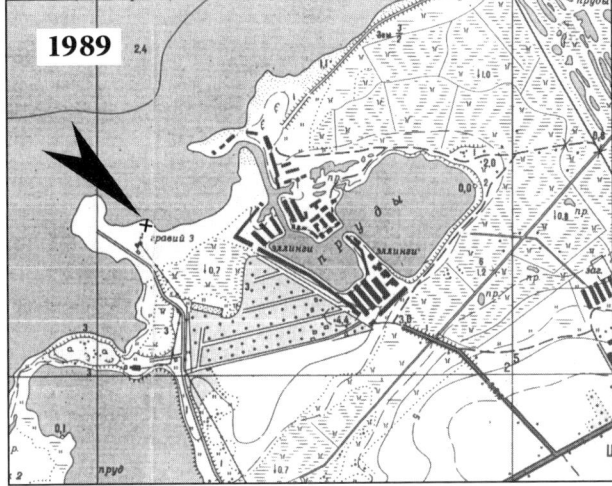

> *Nach dem Kriege gab es keine Kunde mehr vom Dörfchen Haffstrom und seiner Kirche, es fand keine Umbenennung statt. Beim Besuch dieses Ortes stellte sich heraus, daß es von ihm kaum noch Spuren gibt. In den 60er Jahren wurde dort Kies abgebaut. Jetzt ist dort größtenteils das Haff. Am Haffufer stehen Bootsschuppen und andere Gebäude.*
>
> *Die Kirche befand sich am Rande der neu entstandenen Bucht. Die Stelle liegt inzwischen ebenfalls im Wasser.*

Heiligenwalde

Ушаково
[Uschakowo]
Kreis Königsberg

Einschiffiger verputzter Feldstein- und Backsteinbau mit gerade geschlossenem Chor und Fachwerkturm mit Schieferdach, im 14./15. Jahrhundert erbaut. Die Ausstattung stammt aus dem 17. Jahrhundert: der Beichtstuhl von 1673, die Kanzel von 1675, der Altar von 1690. Die Orgel wurde 1761 bei Preuß (Königsberg) gebaut.

> „ *Die Siedlung und ihre Kirche haben nicht unter Kriegsein-wirkungen gelitten. Die alten deutschen Häuser sind in einem verwahrlosten Zustand, einige von ihnen sind verlassen. Es wurden einige neue Backstein- und Holzhäuser gebaut.*
>
> *Die Kirche in Heiligenwalde hatte offensichtlich mehr Glück als andere, obwohl der erste Leiter des Staatsgutes (Sowchos) die herr-lichen Holzskulpturen nach Litauen verkaufte. Der Anblick dieser Kirche ist reizvoller als der der übrigen Kirchen gleichen Alters im Königsberger Gebiet. Doch auch hier gibt es Zerstörungen: Eine quadratische Tür wurde im Osten des Chores durchgebrochen, die Ziegel an der Südseite des Turmhelmes und der Spitze sind beschä-digt. Die Kirche selbst dient als Lagerhalle für Getreide.*
>
> *Durch Beschluß vom 9.12.1993 des Wissenschaftlichen Produk-tionszentrums für Denkmalschutz wurde die Kirche in das staatliche Register der Denkmäler aufgenommen. Im Sommer 1994 fand anläßlich des 650 jährigen Bestehens der Kirche ein Fest statt, an dem sowohl ehemalige deutsche als auch jetzige russische Einwohner teilnahmen. Dabei hielt man in der Kirche einen Gottesdienst ab. Im Jahre 1995 konnten am Gebäude in Zusammenarbeit von Deutschen und Russen Reparaturarbei-ten durchgeführt und finanziert werden, so daß es nun gegen Witterungseinflüsse gesichert ist.* „

1994

Lichtenhagen

Яблоневка
[Jablonewka]

Kreis Königsberg

Der Hochmeister Heinr. Dusemer schenkte die Pfarrkirche mit der Kirche in Haffstrom 1349 dem Benediktinerinnenkloster im Löbenicht (Königsbg). Feldstein- und Ziegelbau aus der zweiten Hälfte des 14. Jh. mit rechteckigem Chor und vorgelegtem Westturm. Die Wandmalereien stammen aus der Erbauungszeit. Schnitzaltar um 1515 mit Malereien süddeutscher Prägung unter Verwendung von Dürer-Motiven.

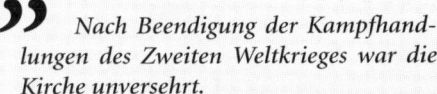

„ *Nach Beendigung der Kampfhandlungen des Zweiten Weltkrieges war die Kirche unversehrt.*

1990 ist der aus Holz gefertigte obere Teil des Turmes nicht mehr erhalten und die beiden Backsteinetagen haben ein Asbestzementplattendach. Da die Kirche nicht instand gehalten wird, verfällt sie zusehends. Die Sakristei ist abgerissen, die neue Vorhalle nördlich des Schiffes auch vollkommen zerstört und die Zugänge von der Sakristei zum Altarraum und aus der Vorhalle ins Schiff sind zugemauert. Die nordöstliche Ecke des Schiffes zerfällt, weil das Dach baufällig ist und Ziegel herunterfallen. An der Südseite der Kirche befinden sich hölzerne Anbauten. Die Kirche dient als Lagerhalle für Landwirtschaftsinventar. Im Inneren sind an den Wänden Fresken aus dem Mittelalter erhalten.

Seit 1993 steht die Kirche ungenutzt und zerfällt.

1996 ist das Dach eingestürzt. Man hat begonnen die Südwand abzureißen. Die mittelalterlichen Wandmalereien verderben zusehends. „

1992

1996

1996

Löwenhagen

Комсомольск
[Komsomolsk]

Kreis Königsberg

Anstelle einer Ordenskirche 1613 errichteter schlichter verputzter Backsteinbau mit dreiseitigem Schluß und vorgesetztem Turm. Die einheitliche Barockausstattung wird der Werkstatt Isaac Rigas zugeschrieben (Wände 17./18. Jahrhundert). Der Altaraufsatz mit der Kreuzigung im Hauptbild, darüber die Grablegung und als Bekrönung das Lamm und der segnende Christus, wird zu den vollkommensten Werken Isaac Rigas gerechnet.

> ,, *Im Zweiten Weltkrieg wurde die Kirche beschädigt. Nach dem Kriege verfiel sie und wurde in den 60er Jahren abgerissen. Steinschutt und Backsteine wurden abtransportiert.*
>
> *Heute erinnert nur noch ein Gedenkstein für die im Ersten Weltkrieg gefallenen Einwohner daran, daß auf der verwilderten Wiese einst eine Kirche gestanden hat. Die Siedlung, die sich zu beiden Seiten der Straße erstreckt, ist nicht schlecht erhalten und hat auch einige Neubauten.* ,,

1997

Ludwigswalde

Лесное
[Lessnoje]

Kreis Königsberg

Schlichter chorloser Bau aus Feldsteinen und Ziegeln aus der zweiten Hälfte des 14. Jahrhunderts mit vorgelegtem Turm aus dem 15. Jahrhundert. Der Schnitzaltar von 1740 zeigt im Hauptbild die Kreuzigung, in der Predella eine Abendmahlsdarstellung. Kanzel und Taufengel entstanden 1713. Von besonderem Wert ist ein Elfenbeinkruzifix von 1720.

" 1945 fanden in dieser Gegend Kämpfe statt. Ohne zuverlässige Fakten zu haben, kann man daher annehmen, daß die Kirche beschädigt war. Die Ruine wurde abgerissen.

1996 sind ein Fragment der Grundmauern und mit großer Mühe das Fundament der Kirche erkennbar. Die Siedlung bietet ein erbärmliches Bild der Vernachlässigung und des Verfalls. "

1994

Mahnsfeld

Полевое
[Polewoje]

Kreis Königsberg

1819 anstelle einer Ordenskirche errichteter schmuckloser verputzter Saalbau mit hölzernem Glockenturm.

> „ Nach dem Zweiten Weltkrieg war die Kirche unversehrt und diente als Lagerhalle. Nachdem sie unbrauchbar geworden war, wurde sie 1958 zerstört und beseitigt. An ihrem ehemaligen Standort steht jetzt auch wieder eine Lagerhalle.
>
> Wie durch ein Wunder blieb das Denkmal für die im Ersten Weltkrieg gefallenen deutschen Soldaten, das an der Straße vor der ehemaligen Kirche stand, erhalten. Das Denkmal ist eine Besonderheit, denn es gibt kein ähnliches im Königsberger Gebiet. Von der Siedlung sind nur ungefähr fünf Häuser geblieben, die sehr vernachlässigt sind. „

1996

Metgethen

Калининград
[Kaliningrad]

Kreis Königsberg

Die Waldkirche Metgethen, ein Achteckbau mit bekrönendem Turm, wurde 1925 eingeweiht.

1983

> „ Trotz der Kampfhandlungen, die im Winter 1945 in Metgethen stattgefunden haben, war die Kirche nach dem Krieg unversehrt.
>
> In den 50er Jahren wurde sie als Getreidelager genutzt. Damals schon war das Kreuz abgebrochen und der Turm beschädigt. Da das Dach beschädigt war, verrottete in den 60er Jahren die Dachkonstruktion. Bis zum Jahr 1970 befand sich die Kirche aber ansonsten in einem relativ guten Zustand. In den folgenden zehn Jahren wurde sie allmählich zerstört. Zum größten Teil wurde sie vom Militär abgebrochen, um Backsteine zu gewinnen. Was übrig blieb, das schleppten die Einwohner weg. 1990 war von der Kirche nur noch das Portal erhalten, das im selben Jahr abgerissen wurde. Heute ist von der Kirche nur noch ein Haufen Betontrümmer und Ziegelsteine übriggeblieben. „

1990

Neuendorf

Калининград
[Kaliningrad]

Kreis Königsberg

Die aus der zweiten Hälfte des 14. Jahrhunderts stammende Kirche wurde nach der Zerstörung durch einen Orkan 1818/19 wieder aufgebaut, ein verputzter rechteckiger Bau aus Feldsteinen und Ziegeln mit rechteckigem Chor und vorgelegtem Westturm.

> *In den Kampfhandlungen wurde die Kirche leicht beschädigt. Nach 1945 wurden die Holzteile im Inneren herausgebrochen, dann ging bald das Dach kaputt. Später wurde die Kirche selbst abgebrochen. Heute kann man nur noch mit Mühe das Fundament erkennen.*
>
> *Von der Siedlung blieben nur zwei Häuser und viele Schuppen übrig, die an der Stelle der Kirche stehen.*

1990

Neuhausen

Гурьевск [Gurjewsk]
Kreis Königsberg

> *Während der Kampfhandlungen im 2. Weltkrieg wurde die Kirche durch Artilleriebeschuß beschädigt, wovon eine Bresche im oberen Bereich des Turmes zeugt.*
>
> *Bis 1963 diente die Kirche als Klub mit einem Kinosaal: Im Turm befand sich die Filmvorführanlage und an der Stelle des Altars die Leinwand. Der Klub gehörte der Wohnungsverwaltung des Baltischen Militärbezirks. Vor dem Umzug des Klubs in ein neues Gebäude wurden Dach und Anbauten renoviert; die Kirche wurde danach als Lagerhalle genutzt.*
>
> *1964 wurde die Kirche in Neuhausen von der Allrussischen Gesellschaft für Denkmalschutz in das Register der Architekturdenkmäler aufgenommen und bekam einen „Denkmalpaß", in dem es heißt: „Der Gesamtzustand des Gebäudes ist zufriedenstellend. Es wurde keine spezielle Untersuchung der Fundamente vorgenommen. Das Fehlen von Rissen in den Wänden des Gebäudes und wesentlicher Deformationen läßt vermuten, daß der Zustand der Fundamente zufriedenstellend ist."*
>
> *In den 70er Jahren wurde das Lager in einem anderen Gebäude untergebracht. Bald darauf brach in der Kirche ein Feuer aus; Mitte der 80er Jahre brannte sie noch einmal.*
>
> *1988: Die Kirche sieht innen wie außen schrecklich verkommen aus. Der Dachstuhl ist verrottet, Ziegel fallen herunter, die Stützpfeiler zerfallen. Die südliche Vorhalle hat keine Ziegel mehr und einen verrotteten Dachstuhl. In der Sakristei fehlen Türen und Fenster. Die Familiengruft auf der Ostseite dient als Schuppen. Die Turmvorhalle verfällt und die Wetterfahne ist nicht mehr erhalten. Gerümpel und Müll liegen herum.*
>
> *1991 wird die Kirche der neuapostolischen Gemeinde übergeben, 1992 beginnen die Instandsetzungsarbeiten und im Dezember 1993 wird die vollständig renovierte Kirche geweiht. Der Friedhof ist nicht erhalten. Die ehemalige Siedlung Neuhausen - heute Gurjewsk - hat jetzt den Status einer Kreisstadt.*

Chorloser Feldsteinbau vom Ende des 14. Jahrhunderts mit Westturm und jüngerem Ostgiebel, Wandmalereien (Ende 14. Jahrhundert). Die Ausstattung, vorwiegend aus dem 17. Jahrhundert, ist kostbar. Altar (1699), Beichtstuhl (1696), Taufkammer und königlicher Stuhl (1700) sind Werke Isaac Rigas und seiner Werkstatt.

1991

1996

Postnicken

Заливное
[Saliwnoje]

Kreis Königsberg

Bald nach dem Brand der Ordenskirche im 16. Jahrhundert wurde unter Verwendung alten Mauerwerks ein chorloser Saal aus Feldsteinen und Ziegeln errichtet. Der Turm stammt aus der Wende vom 15. zum 16. Jahrhundert. Der Taufengel ist ein Werk um 1700.

> „ 1975/76 sieht die Kirche vom Haff her noch sehr gut aus. Sie ist unversehrt, aber in einem schrecklichen Zustand. Genutzt wird sie zur Lagerung landwirtschaftlicher Produkte.
>
> 1988 büßt sie den Turm mit der im Osten angebauten Sakristei ein. Das Dach ist in schlechtem Zustand, ein Teil der Fenster ist zugemauert. Die Kirche dient als Lagerhalle.
>
> 1994 wird sie nicht mehr genutzt. Der Zustand des Daches ist kritisch.
>
> Die Umgebung der Kirche ist zugewachsen, vom Friedhof ist offensichtlich nichts geblieben. Die alten Häuser in der Siedlung sind verwahrlost. Es gibt viele Neubauten.
>
> 1996: Das Dach ist noch nicht eingestürzt. „

1994

Powunden

Храброво
[Chrabrowo]

Kreis Königsberg

Verputzter Feldstein- und Ziegelbau mit rechteckig geschlossenem Chor und eingezogenem Westturm, seit der Mitte des 14.
Jahrhunderts errichtet, im 19. und 20. Jahrhundert renoviert.
Der Innenraum ist gewölbt; vor der Einwölbung 1370/80 entstanden die Wandmalereien, deren Reste 1924 freigelegt wurden. Der Schnitzaltar entstand spätestens 1706. Die Kanzel von
1702 ist wahrscheinlich ein Werk Johann Christoph Döbels.

> „ *Nach dem Kriege war die Kir-
> che unversehrt und wurde als Klub
> genutzt. Nach seiner Schließung
> wurde sie angezündet und in den
> 70er Jahren von Offizieren teilwei-
> se abgetragen, um Backsteine für
> den Bau ihrer Privatgaragen zu
> gewinnen. Nach einem Unfall - bei
> der Demontage der Kirche war
> einem Offizier ein Backsteinblock
> auf den Fuß gefallen - wurde auf
> Befehl der Garnison der Abbruch
> der Kirche verboten, um die
> Militärkader zu schützen.*
>
> *Im Frühjahr 1988 sieht die Kirche
> ziemlich trostlos aus. Der Turm
> und das Schiff mit dem Altar sind
> ohne Dach, die Mauern abgebro-
> chen, Vorbau und Sakristei nicht
> mehr erhalten. Das südwestlich
> der Kirche stehende Schulgebäude
> ist erhalten und wird seiner
> Bestimmung gemäß genutzt.* „

1993

163

Quednau

Калининград
[Kaliningrad]

Kreis Königsberg

Wichtig als eine der wenigen zeitlich festgelegten Dorfkirchen. Rechteckiger verputzter Feldsteinbau aus dem Beginn des 16. Jahrhunderts, 1828-1830 und 1879-1880 stark renoviert. Die Kirche ist reich an Epitaphien aus dem 17. und 18. Jahrhundert.

> *Die Quednauer Kirche lag am Ende der heutigen Nevskij-Straße, an der Ortsausfahrt. Während der Kampfhandlungen 1945 blieb die Kirche fast unversehrt.*
>
> *In den folgenden Jahren gingen infolge fehlender Instandhaltung die Dachkonstruktion und das Mauerwerk kaputt. Die Innenausstattung der Kirche mit dem Altar ging bis 1964 vollständig verloren. Bis zu den 60er Jahren wurden die halbe Dachkonstruktion demontiert, Mauern durchbrochen, zwei alte Fensteröffnungen und eine alte Türöffnung zerstört. Von Sakristei und Vorhalle blieben nur kleine Fragmente der Mauern und Fundamente erhalten.*
>
> *Die Kirche wurde 1963 in das Verzeichnis der Kultur- und Architekturdenkmäler aufgenommen. Am 18. April 1963 wurde die Kirche gemäß einem Erhaltungs- und Pachtvertrag von der Inspektorin der Gebietskulturverwaltung Raissa G. Ankudinowa dem zuständigen Stadtteilexekutivkomitee zur Nutzung übergeben. Zum technischen Zustand des Denkmals hieß es damals im Übergabedokument: "Die Kirche befindet sich auf einem alten vernachlässigten Friedhof. Die Kirche wurde im Zweiten Weltkrieg zerstört. Der allgemeine Zustand ist unbefriedigend."*
>
> *Die Kirche wurde weiterhin weder genutzt noch irgendwie erhalten. Zu Beginn der 70er Jahre wurde sie vollständig abgerissen. Im Jahre 1990 ließen sich nur noch mit Mühe Reste des Kellers und des Friedhofs erkennen.*
>
> *1997 sieht man an Stelle der Kirche eine von Bäumen umgebene Lichtung.*

1961

1997

Rossitten

Рыбачий
[Rybatschij]

Kreis Königsberg

Ein von August Stüler beinflußter Ziegelrohbau von 1873 mit Glockenträger auf dem Giebel und halbrunder Apsis.

> *Dieses Dorf wurde von Kampfhandlungen verschont und die Kirche blieb unversehrt. Auf Beschluß des Exekutivkomitees des Siedlungssowjets von Rybatschij vom 11.4.1963 wurde das Gebäude der ehemaligen Kirche dem Fischereikolchos „Morgenröte des Kommunismus" verkauft.*
>
> *Die Kirche ist äußerlich vollständig erhalten, sogar die Glocke hängt noch an ihrem Platz. Die Fenster in der Apsis sind völlig, die des Kirchenschiffes im oberen Teil zugemauert; letztere haben jetzt eine rechteckige Form. Bis in die jüngste Zeit wurde die Kirche als Werkstatt für die Herstellung von Netzen genutzt. Aber dann wurde der Beschluß gefaßt, sie der Orthodoxen Kirche zu übergeben. Das geschah und im Mai 1990 fand der erste Gottesdienst statt. Auf der anderen Seite ist das Pfarrhaus erhalten, in dem sich jetzt eine Filiale des Selenogradsker Bekleidungswerkes befindet.*
>
> *Die Siedlung ist in gutem Zustand. Die Dächer vieler Häuser sind mit aus Holz geschnitzten Verzierungen geschmückt. Besondere Beachtung finden die geschnitzten Giebel. Die Siedlung Rybatschij gehört jetzt zum Fischereibetrieb „Werktätiger des Meeres".*

1992

Sarkau

Лесное
[Lessnoje]

Kreis Königsberg

Kleine schlichte Fischerkirche aus rohen Ziegeln, 1901 vollendet. Das Gebäude ist nicht, wie bei Kirchen üblich, in Ost-West-Richtung erbaut; der Turm ist im Norden vorgesetzt.

> *Dieses Dorf wurde von den Kampfhandlungen verschont und die Kirche blieb unversehrt. Auf Beschluß des Exekutivkomitees des Siedlungssowjets von Rybatschij (Rossitten) vom 12.4.1963 wurde das Kirchengebäude für 500 Rubel an den Fischereikolchos „Werktätiger des Meeres" verkauft. Die Kirche stand bis 1965 und wurde wirtschaftlich genutzt. Nach dem Beschluß, für die Einwohner der Siedlung ein neues Kulturhaus zu bauen, wurde die Kirche abgerissen, aber das Fundament und ein Teil der Mauern wurden für das neue Gebäude verwendet.*
>
> *Jetzt wohnen in dem Dorf vorwiegend Fischer. Etwa 30 % der Gebäude sind Neubauten. Dank der herrlichen Lage des Dorfes wird ein Teil der Häuser als Touristenherbergen und Erholungsheime genutzt. Am Dorfrand befindet sich ein Kinderferienlager. Im Dorfzentrum wird ein neues Erholungsheim gebaut.*

1993

Schaaken

Жемчужное
[Schemtschuschnoje]

Kreis Königsberg

Typisch samländischer Bau aus verputztem Feld- und Backstein mit eingezogenem, dreiseitig geschlossenem Chor, Vorhalle und Sakristei im Süden und leicht in das Schiff einschneidendem West-turm. Die Kirche ist in mehreren Abschnitten erbaut. Der älteste Teil des Chores stammt aus der zweiten Hälfte des 14. Jh. In der Kirche finden sich wertvolle Wandmalereien. Die Orgel von 1734 ist von Johann Gottlob Casparini gearbeitet.

„ *Wenn man sich auf den Nordflügel des Schlosses Liska Schaaken (Nekrasowo) begibt, kann man im Südosten in anderthalb Kilometer Entfernung die Turmruine der Kirche von Schaaken (Schemtschuschnoje) erkennen.*

Nach den Kampfhandlungen 1945 war die Kirche unbeschädigt. Aber fehlende Instandhaltung führte zum Herunter-fallen der Ziegel und zur Zerstörung des Dachstuhls. 1966 hatte sich der Turmhelm wegen des kaputten Dachstuhls geneigt und wurde abgenommen, um Unfälle zu vermeiden.

In den 70er Jahren wurde ein neues Asbestzementplattendach angebracht. Der Kirchenraum wurde bis in die 80er Jahre als Lagerhalle für Agrarprodukte und Landwirtschaftsinventar genutzt. In den Turm war ein quadratisches Tor gebrochen.

Jetzt ist die Kirche nur noch ein Mauerskelett mit eingestürzten Gewölben und zerstörten Anbauten. Im Inneren ist der Bogen erhalten, der den Chor vom Kirchenschiff trennte. Der Chor selbst ist mit Gebüsch zugewachsen. Nördlich der Kirche, an der Stelle des alten Friedhofs, liegt der neue Friedhof. Südlich steht ein unversehrtes, aber verlassenes Haus - wahrscheinlich die deutsche Schule. In dieser Siedlung sind sehr wenige Häuser erhalten. „

1993

Schönwalde

Ярославское
[Jaroslawskoje]

Kreis Königsberg

Schlichter chorloser Bau mit starken Mauern aus verputztem Feld- und Backstein mit östlicher Sakristei, nördlicher Vorhalle und Westturm. Sein Charakter ist den einfacheren samländischen Kirchen vom Ende des 14. oder Anfang des 15. Jahrhunderts nachempfunden. Die Kirche wurde 1864 umfassend restauriert. Umfangreiche Ausstattung mit bäuerlich bemalten Emporen und Ständen und spätgotischem Gestühl. Bäuerlich kräftiger Altar von 1712 (1721 staffiert) aus dem Kreis Isaac Rigas.

> " Im Mai 1988 waren von der Kirche nur noch der Turm und Mauerreste von stellenweise anderthalb Meter Höhe erhalten. Es gelang nicht festzustellen, in welchem Zustand sich die Kirche nach dem Kriege befand. Da der Turm völlig unbeschädigt ist und der Putz nur an einigen Stellen abgebröckelt ist, kann man die Schlußfolgerung ziehen, daß die Kirche unversehrt war und erst nach dem Kriege zerstört wurde.
>
> Das Dorf ist mit seinen verrotteten Dächern und dem abgebröckelten Putz ziemlich verkommen. Die alte Straße, die von der Strecke Königsberg - Labiau abzweigt, ist verwildert und unbefahrbar. Aber östlich des Dorfes wurde eine neue Straße gebaut. "

1993

Seligenfeld

Калининград
[Kaliningrad]

Kreis Königsberg

Gebäude im gotischen Stil aus Feldstein und Ziegeln, am
8. August 1852 eingeweiht, nachdem der frühere Bau durch
Blitzschlag zerstört worden war.

> „ Während der Kämpfe um Königsberg wurde die Kirche möglicher-
> weise beschädigt. In den 40er und 50er Jahren wurde sie vom Militär
> abgerissen, um Backsteine zu gewinnen. Heute befindet sich an der
> Stelle der Kirche ein Gemüsegarten mit Gartenhäuschen. Von der Ort-
> schaft sind nur noch fünf Gebäude übrig. „

1997

Steinbeck

Рыбное
[Rybnoje]
Kreis Königsberg

Einfacher verputzter Feldsteinbau mit vorgelegtem Turm, unter Verwendung alter Bauteile aus dem 15. Jahrhundert zwischen 1818 und 1820 errichtet.

> *Während des Krieges wurde die Kirche beschädigt, danach abgebrochen, um Baumaterial zu gewinnen. 1988 waren nur noch anderthalb Etagen des Turmes mit stark beschädigten Strebepfeilern und ein höchstens etwa fünfzig Zentimeter hoher Sockel des Kirchenschiffs erhalten.*
>
> *Zu Beginn des Jahres 1990 wurden die letzten Überreste des Kirchenschiffs zerstört. Bei meinem Besuch 1992 war auch der Turmstumpf verschwunden.*
>
> *In der Siedlung gibt es viele Neubauten.*

1991

1992

Alt Sussemilken

Friedrichsrode

Тарасовка
[Tarassowka]

Kreis Labiau

Jubiläumskirche. Einweihung: 9. August 1906. Beachtenswerter holzverkleideter Bau mit schmalerem Altarraum und wuchtigem, ebenfalls holzverschaltem Turm.

1990

„ *In dieser Gegend fanden keine Kampfhandlungen statt. Die Kirche war unversehrt und stand bis Ende der 50er Jahre ungenutzt.*

Der hier gegründete Kolchos war schwach und die Leute zogen wieder weg. 1961 wurde der Kolchos aufgelöst, weil er keine Perspektive hatte. Die Kirche wurde - wie auch fast alle anderen Gebäude der Siedlung - abgerissen, um Backsteine zu gewinnen. Nur das Fundament und der Sockel blieben stehen. Auf der anderen Seite steht noch das Denkmal für die im Ersten Weltkrieg Gefallenen. Aber es ist ebenfalls beschädigt; die Tafel mit der Aufschrift wurde abgerissen.

1996 stand in dieser Ortschaft nur noch ein einziges Haus. „

1991

171

Gilge

Матросово
[Matrossowo]

Kreis Labiau

Ziegelbau im gotischen Stil mit runder Altarnische von 1851. Statt eines Turmes haben die gestaffelten Ost- und Westgiebel Aufsätze; die Glocke befindet sich im Westgiebel. Kirchhof mit litauischen Grabtafeln.

„

Während des Zweiten Weltkrieges fanden in dieser Gegend keine Kampfhandlungen statt. Als 1948 die ersten Übersiedler hierher kamen, waren Siedlung und Kirche unversehrt. In der Kirche war sogar die Orgel vollkommen in Ordnung.

Auf Befehl des ersten Vorsitzenden des Dorfsowjets Pjotr Arsentjewitsch Tschernjuk wurde Anfang der 50er Jahre begonnen, die Kirche abzureißen, um Backsteine für den Bau von Speichern zu gewinnen. Die Kirche wurde bis auf die Ostwand abgebrochen. Aber die gestapelten Backsteine wurden nicht für den vorgesehenen Zweck verwendet, sondern von den Einwohnern für ihre eigenen Zwecke nach und nach fortgeschleppt.

1990 wurde die endgültige Zerstörung der Kirche fortgesetzt, um Backsteine für die Keller der Kolchosbauern in Golowkino zu gewinnen. Im Jahre 1996 waren von der Kirche nur noch die Ostwand und der Chor erhalten. Der alte Friedhof aus der Vorkriegszeit wird weiter als Begräbnisstätte genutzt, ist aber vollkommen mit Sträuchern und Bäumen zugewachsen. Dazwischen stehen die deutschen Grabsteine. Die Siedlung liegt zu beiden Seiten des Flusses Matrossowka (Gilge).

„

1991

Groß Baum

Сосновка
[Sosnowka]

Kreis Labiau

Der Kirchbau erfolgte von 1923 bis 1926 nach Entwürfen von Friedrich Lahrs (Königsberg): ein Feldsteinbau mit Altarnische und einem später errichteten verputzten Ziegelturm auf Granitfundament.

>> *Nach dem Zweiten Weltkrieg war die Kirche völlig unversehrt. Sie dient heute als Kulturhaus. Vom Giebel der Vorhalle wurde das Kreuz entfernt. Turm und Kirchenschiff wurden mit Asbestzementplatten eingedeckt, der Chor ist bis jetzt mit Ziegeln gedeckt. Das Schiff wird als Kino genutzt, deshalb sind seine Fenster zugemauert. Neben der Kirche steht ein gut erhaltenes Haus (offensichtlich das Pfarrhaus).* >>

1993

Groß Legitten

Тургенево
[Turgenewo]
Kreis Labiau

Schlichter Bau aus Feldsteinen und Ziegeln mit schmalerem, gerade geschlossenem Chor und vorgelegtem Westturm, ab etwa 1400 entstanden. Die Triumphbogengruppe ist ein Rest der gotischen Ausstattung.

> *Nach 1945 war die Kirche unversehrt und wurde zum Getreidetrocknen genutzt. Ende der 60er Jahre wurde sie aufgegeben, blieb aber noch bis 1975 unbeschädigt. Als Kinder im Inneren der Kirche ein Lagerfeuer anzündeten, entstand ein Brand. Das Dach des Chores brannte ab und ein Teil des Gewölbes stürzte ein.*
>
> *Das Kirchenschiff ist zerstört, aber die Gewölbe sind erhalten, ebenso der Aufhänger, an dem der Kronleuchter befestigt war. Der Turm ist ohne Helm, die nördliche Vorhalle verrottet und von der Sakristei existieren nur noch Mauerfragmente. Das an der Nordwand stehende interessante Denkmal für die im Ersten Weltkrieg Gefallenen in Gestalt eines Soldaten ist ohne Kopf.*
>
> *1994 hat sich der Zustand der Kirche rapide verschlechtert. Die Gewölbedecken sind sehr feucht und stürzen allmählich ein. Ein Teil der Anbauten zerfällt. Im Altarbereich ist die Decke eingestürzt.*
>
> *Seit 1995 werden mit Geld aus Deutschland Erhaltungsarbeiten mit dem Ziel der Wiederherstellung der Kirche durchgeführt.*

1974

1994

1997

Juwendt

Möwenort

Разино
[Rasino]

Kreis Labiau

Schmucke weiß verputzte Kirche am Kanal Großer Friedrichsgraben mit aufgesetztem Glockenturm. Die Einweihung fand am 16. August 1931 statt.

> *In dieser Gegend fanden keine Kampfhandlungen statt und die Kirche stand bis 1951 unversehrt. Sie wurde zur Herstellung und Lagerung von Netzen genutzt und hatte sogar einen Wächter. Ende der 50er Jahre wurde sie von Soldaten abgerissen. Möglicherweise hatte sie gebrannt.*
>
> *Zustand 1996: Die Betonfundamente und die Treppen sind gut erkennbar. Ein Teil des Fundamentes wurde beim Bau eines kleinen Hauses verwendet.*

1991

Kaymen

Kaimen

Тростники
[Trostniki]

Kreis Labiau

Feldstein- und Ziegelbau mit eingezogenem Chor und vorgelegtem Westturm. Baubeginn: letztes Drittel 14. Jahrhundert. Der Turmabschluß wurde 1852 vollendet. Der Altar - aus der Werkstatt Isaac Rigas -, die Kanzel und der Beichtstuhl wurden um 1708 geschaffen.

" *1989 stand von der Kirche nur noch der stark beschädigte Turm. Die Nachkriegsgeschichte ist unbekannt. Mauerreste sind erkennbar. Vom Schiff existiert nur noch die Westmauer mit zwei Strebepfeilern, in der Wand ist der Eingang in den Turm zu sehen.*

1996: Der Zustand der Ruine ist unverändert.

Auf dem von einer massiven Mauer umgebenen Friedhof ist das Denkmal für die im Ersten Weltkrieg Gefallenen in Form eines hohen Kreuzes gut erhalten. Der Friedhof ist von Linden umgeben und auch die Hauptallee ist mit Linden bepflanzt. Von den jetzigen Einwohnern wird der Friedhof als solcher genutzt.

Direkt neben der Mauer steht ein relativ gut erhaltenes Haus - vermutlich das Pfarrhaus - und auf der anderen Straßenseite vermutlich das Schulgebäude. In der Nähe der Kirche stehen nur wenige Wohnhäuser. "

1989

Labiau

Полесск
[Polessk]

Kreis Labiau

Chorlose Hallenkirche aus verputztem Feldstein vom Ende des 14. Jahrhunderts mit vorgelegtem Westturm aus Ziegeln. Neben dem Königsberger Dom die einzige dreischiffige Kirche des Samlands.

> „ *Die Kirche wurde wahrscheinlich während der Kampfhandlungen beschädigt. Ich erinnere mich daran, daß der Kirchturm 1958 – ich war damals als Schuljunge einige Tage in der Stadt – noch eine Spitze hatte und die Gewölbe noch vorhanden waren. Doch schon 1960 war das Gebäude völlig zerstört. Später setzte man ein fünfstöckiges Wohnhaus an die Stelle der Kirche. In der Stadt sind beide Schulen, das Kino, die katholische Kapelle, das Gebäude des Finanzamtes und Überreste des Schlosses erhalten.* „

1997

Laukischken

Саранское
[Saranskoje]

Kreis Labiau

1809 bis 1812 wurde eine neue Kirche erbaut, die nach Beschädigungen im Ersten Weltkrieg 1924 neu hergerichtet wurde; der Turm stammt aus dem Jahre 1920.

> „ *Die Kirche war 1996 - bis auf den fehlenden Turm, der bei einer Dachrenovierung abgetragen wurde - unversehrt und wird als Kulturhaus genutzt. Das Dach ist mit Asbestzementplatten gedeckt. Das Pfarrhaus war 1989 in einem katastrophalen Zustand, das Dach in der Mitte des Hauses hatte sich gesenkt. 1993 war das Pfarrhaus völlig zerstört und 1994 war von ihm nur noch der Sockel übrig.* „

1994

Lauknen

Hohenbruch

Громово
[Gromowo]

Kreis Labiau

Im Jahre 1905 erfolgte der Neubau des Gotteshauses im gotischen Stil mit hohem Turm.

1992

> *Die Kirche in Lauknen wurde während des Krieges nicht zerstört, aber die in diesen Ort aus Rußland gekommenen Übersiedler hatten kein gutes Verhältnis zu Gott und die Kirche erschien ihnen überflüssig, weshalb sie diese abrissen, um Baumaterial zu gewinnen. Nur der als Wasserturm genutzte Kirchturm wurde stehengelassen. Vom Kirchenschiff selbst ist nur das gut erkennbare Fundament erhalten.*

Mehlauken

Liebenfelde

Залесье
[Salessje]

Kreis Labiau

Italienisch wirkende Basilika mit Campanile, nach dem Vorbild der Friedenskirche in Potsdam zur Regierungszeit Friedrich Wilhelms III. entworfen, unter Friedrich Wilhelm IV. 1843-1846 erbaut und am 25. Oktober 1846 eingeweiht.

> „Nach dem Zweiten Weltkrieg war die Kirche unversehrt und wurde zunächst wirtschaftlich genutzt. 1989 stand sie ungenutzt und sah verwahrlost aus. Der größte Teil der Fenster war zerschlagen, eine der südlichen Türen war zugemauert. Der Bogen, der die Kirche mit dem Glockenturm verbindet, war zerstört.
>
> 1993 wurde die Kirche der Orthodoxen Kirche übergeben. Wegen Geldmangels konnte sie allerdings zunächst noch nicht instandgesetzt werden und stand auch 1994 noch ungenutzt. Inzwischen renoviert die orthodoxe Gemeinde mit eigenen Mitteln das Innere der Kirche.
>
> Neben der Kirche ist ein dreistöckiges Haus - vermutlich die Schule - erhalten. Die meisten Häuser dieser Ortschaft stehen nicht mehr, deshalb ist sie eigentlich auch kein einheitlicher, zusammenhängender Ort mehr. Von der Straße, in der sich das Hotel befand, steht nur noch ein einziges Gebäude, das Haus gegenüber dem Hotel. Neue Wohnhäuser werden gebaut."

1994

Popelken

Markthausen

Высокое
[Wyssokoje]

Kreis Labiau

Schlichter verputzter rechteckiger Ziegelbau aus den Jahren 1768/69, auf der Stelle einer älteren Kirche aus dem Jahre 1640 errichtet. 1901 wurde ein Turm erbaut.

1994

" Nach dem Kriege war die Kirche unversehrt und wurde als Lagerhalle und zum Getreidetrocknen genutzt. Die Glocke wurde heruntergeholt und als Altmetall abgeliefert.

Bis 1970 war die Kirche noch unbeschädigt. Aber bei der Abnahme des Kreuzes wurde der Turmhelm in Mitleidenschaft gezogen. Im Turm wurden unter dem Dachstuhl Münzen und Fotografien der Kirche gefunden. Da die elementarsten Instandhaltungsarbeiten nicht durchgeführt wurden, kam es zum Zerfall des Ziegeldaches und der Dachkonstruktion. In den 70er Jahren wurde die Kirche abgerissen.

1996 stand nur noch der Turm, dessen oberer Teil rasch verfällt. "

Alt Lappienen

Rauterskirch

Большие Бережки
[Bolschije Bereschki]

Kreis Niederung
(Elchniederung)

> *Nach dem Krieg waren Siedlung und Kirche unbeschädigt. Die Kirche wurde als Getreidespeicher genutzt. Da aber jegliche Wartung fehlte, zerfielen Dach und Dachstuhl und das Dach stürzte ein.*
>
> *1996 stehen die Backsteinmauern noch, Vorhalle und Sakristei sind ohne Dach. Auf dem Granitbogen der Vorhalle ist die Aufschrift zu lesen „A.D. 1700". Gräber und Grabsteine sind nicht erhalten. Alles ist verwildert, die Kirchenruine wird manchmal als Viehkoppel genutzt.*
>
> *Das Dorf ist sehr verwahrlost, zur Hälfte zerstört. Eine mit einem Zaun umgebene Büste Kalinins sieht ziemlich kläglich aus.*

Erbaut 1675-1703. Entwurf von Philipp von Chieze, dem Erbauer des Potsdamer Stadtschlosses, nach dem Vorbild der Mare Kerk in Leiden, Bauherrin dessen Witwe Gräfin Waldburg. Niedriger, achteckiger, durch Anbauten erweiterter Ziegelbau auf Feldsteinfundament, verputzt, mit hohem Zeltdach und Laternen. Kanzelalter um 1701. Orgel 1701 von Johann Josua Mosengel (Königsberg). Bei den Schnitzarbeiten wird italienischer Einfluß vermutet. Denkmal für den Grafen Heinrich Keyserlingk (1787).

1992

Gowarten

Дзержинское
[Dserschinskoje]
Kreis Niederung
(Elchniederung)

Schlichter Saalbau mit Dachreiter als Glockenträger, ab 1922
unter großer Einsatzfreudigkeit der Gemeinde errichtet.

> „ *Diese schlichte Kirche befand sich nach dem Krieg in einem ausgezeichneten Zustand, wurde aber von den Umsiedlern nicht ihrer Bestimmung entsprechend genutzt.*
>
> *In den 80er Jahren wurden das Türmchen abgetragen, das Dach mit Asbestzementplatten gedeckt, die Spitzbogenfenster teilweise zugemauert und rechteckig gemacht. Das Fenster im Anbau verbreiterte man und legte einen Eingang an. Dort wurde ein Geschäft untergebracht. Im Kirchenraum selbst richtete man einen Freizeitklub ein. An der Südseite befindet sich der Eingang in die Bibliothek.*
>
> *Jetzt erinnert hier nichts mehr an eine Kirche. Das Denkmal, das vor der Kirche stand, beseitigte man. Die Siedlung ist nicht schlecht erhalten, obwohl viele Häuser wegen Baufälligkeit abgerissen wurden. Das Schulgebäude ist erhalten.* „

1993

Groß Friedrichsdorf

Гастеллово
[Gastellowo]

Kreis Niederung
(Elchniederung)

" *Nach dem Krieg befand sich die Kirche in ausgezeichnetem Zustand und wurde als Lagerhalle genutzt. Jedoch führte das Fehlen der elementarsten Wartung zum Verfall von Dach und Dachstuhl. In den 80er Jahren wurde ein Teil der Kirche abgerissen.*

1994 waren noch der Turm und einige Mauerreste vorhanden. Der Turmhelm befand sich jedoch in einem katastrophalen Zustand. Die Siedlung ist vernachlässigt. Es gibt viele Neubauten. "

Nach Errichtung des Kirchspiels 1854 erhielt die Gemeinde 1867 eine Kirche aus Holz. Diese wurde 1902 durch einen massiven Bau mit Apsis und südlichem Querschiff ersetzt. Das Gebäude ist im romanischen Stil gehalten mit mächtiger Vorderfront und südwestlichem hohem Turm.

1994

Groß Skaisgirren

(Kreuzingen)

Большаково
[Bolschakowo]

Kreis Niederung
(Elchniederung)

Rechteckiger Feld-
steinbau aus dem
Jahre 1773. Der
Dachreiter wurde
1849/50 errichtet.

"Nach den Aussagen einiger Einwohner wurde der Kirchturm bei Kriegsende beschädigt, nach denen anderer war er zu diesem Zeitpunkt noch unversehrt und wurde erst danach bis auf Dachfirsthöhe zerstört.

Das Kirchengebäude selbst wird als Kino genutzt. Sakristei und Vorhalle sind zerstört. Die Fenster sind zugemauert und verputzt. Im Norden wurde ein Raum angebaut. Das Tor des einst die Kirche umgebenden Zaunes ist erhalten, der Friedhof jedoch nicht.

Der Ort ist vernachlässigt und schmutzig; viele alte Häuser sind zerstört."

1993

Heinrichswalde

Славск
[Slawsk]
Kreis Niederung
(Elchniederung)

„ *Nach dem Kriege befand sich dieser Ort in einem idealen Zustand. Aber nach vierzig Jahren macht diese Stadt einen deprimierenden Eindruck, so ungepflegt und verkommen ist sie.*

1990 war der Zustand der Kirche befriedigend. In ihr befand sich eine Lagerhalle. Die herrlichen Spitzbogenfenster sind bis zur Hälfte, mitunter auch bis zu zwei Dritteln, zugemauert. Am Ostgiebel ist das Kreuz erhalten. Die schöne Backsteinmauer, die Kirche und Friedhof umgab, ist nur zum Teil erhalten. Der rote Backstein wurde weiß übertüncht.

1993 wurde die Kirche der evangelischen Gemeinde übergeben, die mit Restaurierungsarbeiten begann. Danach bekam die Orthodoxe Kirche das Gebäude, aber im August 1994 wurde beschlossen, es der evangelischen Gemeinde zurückzugeben.

1996 begannen umfangreiche Restaurierungsarbeiten. Diese konnte man besonders gut im Sommer 1997 verfolgen. **„**

1869 eingeweihter neugotischer dreischiffiger Ziegelbau mit Apsis und vorgesetztem hohem massivem Turm und Treppengiebel. Aus der früheren Heinrichswalder Kirche sind Reste alten Schnitzwerks überliefert.

1997

Inse

Причалы
[Pritschaly]
Kreis Niederung
(Elchniederung)

Die Pfarrkirche liegt reizvoll inmitten des Fischerdorfes am Wasser. Achteckiger hölzerner Zentralbau mit Mitteldachreiter und Flachdecke auf toskanischen Säulen. Im Jahre 1700 nach dem Vorbild der von Philipp von Chieze in Lappienen erbauten Kirche errichtet.

> *Nach dem Krieg war die Kirche unversehrt und wurde wirtschaftlich genutzt. 1964 wurde sie unter Einsatz von Traktoren zerstört. Die Siedlung ist stark verwahrlost. Das alte Schulgebäude ist abgebrannt. Es wurden Neubauten errichtet.*

1997

Kallningken

Herdenau

Прохладное
[Prochladnoje]

Kreis Niederung
(Elchniederung)

Feldsteinbau mit polygonalem Schluß aus dem Jahre 1753 mit Holzturm von 1819 auf massivem Unterbau. Altarschrein mit reichem Schnitzwerk aus dem Anfang des 15. Jahrhunderts.

> „ *Nach dem Kriege war die Kirche unversehrt, sie wurde bis Anfang der 80er Jahre wirtschaftlich genutzt. Dann wurde sie aufgegeben; seitdem steht sie leer.*
>
> *Das Fehlen jeglichen Schutzes und jeglicher praktischer Nutzung führte zur Zerstörung der zentralen Altarwand. Dach und Dachstuhl verrotteten, die Deckenbretter wurden herausgerissen. 1989 war ihr Gesamtzustand katastrophal. 1994 stürzte dann das Kirchendach ein; von den Mauern sind jetzt nur noch Ruinen übrig. Die Siedlung selbst befindet sich in einem ziemlich vernachlässigten Zustand. Im Zentrum ist ein schönes zweigeschossiges Gebäude erhalten.* „

1989

1994

Karkeln

Мысовка
[Myssowka]

Kreis Niederung
(Elchniederung)

Zunächst Feldsteinbau ohne Turm, 1722 errichtet, dann 1898/99 mit Chor, Sakristei, Turm und Emporen im neugotischen Stil erweitert.

> *Nach dem Krieg war die Kirche unversehrt. Danach wurde das Dach beschädigt und 1949 brannte der Turm aus.*
>
> *Als 1958 der Sicherungsdamm zum Haff brach und das Wasser alles überschwemmte, riß man die Kirche ab und nutzte das so gewonnene Material zur Auffüllung von Ausspülungen.*
>
> *Jetzt steht an der Stelle der Kirche ein Klubhaus.*

1994

Kaukehmen

(Kuckerneese)

Ясное
[Jasnoje]

Kreis Niederung
(Elchniederung)

1704-1708 entstand der massive Saalbau mit polygonalem Schluß. Die Kirche ist die Nachfolgerin früherer, seit der Reformation nachweisbarer Holzkirchen.

> „ Nach dem Krieg war das ganze Städtchen unversehrt; schön gebaute zwei- und dreigeschossige Häuser prägten das Ortsbild. Nach Ankunft der neuen Bewohner begann das Städtchen zu zerfallen. Da die elementarste Wartung fehlte, verfielen viele schöne Gebäude. Auch heute zerstört man das Städtchen aktiv.
>
> 1947 war die Kirche unversehrt, die Orgel funktionierte. Danach wurden die Kirche als Lagerhalle und der Kirchturm als Wasserturm genutzt.
>
> In den 80er Jahren stürzte dann das Kirchendach ein, die Kirchturmspitze war schon vorher zerstört.
>
> Zustand 1990: Das Hauptgebäude und die Vorhalle der Kirche waren ohne Dach, nur die Mauern standen noch. Relativ in Ordnung waren nur die Sakristei und der viergeschossige Turm. An die Südseite der Kirche wurde ein Lagerraum angebaut.
>
> Als die Kirche 1992 der orthodoxen Gemeinde übergeben wurde, wurde sie mit einem neuen Dach versehen. Bis heute jedoch ist die Kirche nicht genutzt. „

1994

Neukirch

Тимирязево
[Timirjasewo]

Kreis Niederung
(Elchniederung)

Eine der von König Friedrich Wilhelm I. gegründeten Kirchen, 1729 gestiftet, 1740 vollendet. Einfacher Feldsteinbau mit Turm. Der Innenraum hat ein hölzernes Tonnengewölbe und seitliche Emporen.

1988

> *Nach Beendigung der Kampfhandlungen in Ostpreußen waren Siedlung und Kirche vollkommen unbeschädigt. Zustand 1994: Bis in die Gegenwart dient die Kirche wirtschaftlichen Zwecken. Um sie bequemer nutzen zu können, wurden an der Süd- und Nordwand quadratische Türöffnungen herausgebrochen und die Süd- und Nordvorhalle abgerissen. Die Fenster wurden bis auf kleine Luken zugemauert. Das Dach ist mit Asbestzementplatten gedeckt. Die Ziegelbedeckung und die Dachstuhlkonstruktion des Turms sind zerstört. Eine kleine Sakristei und das Südtor mit einer Inschrift sind erhalten.*
>
> *Am 24. April 1995 brannte die Kirche aufgrund eines in der Nachbarschaft fahrlässig entfachten Feuers ab.*
>
> *Die Siedlung insgesamt ist in einem schrecklichen Zustand. Viele alte Gebäude wurden abgerissen, da fehlende Wartung zu ihrem Verfall führte. Von den noch verbliebenen deutschen Bauwerken befinden sich 80 Prozent in einem katastrophalen Zustand.*

1994

1996

Schakuhnen

(Schakendorf)

Левобережное
[Lewobereschnoje]

Kreis Niederung
(Elchniederung)

1745 errichteter einfacher Feldsteinbau mit einem 1855/56 angebautem Turm. Bemerkenswert ist ein sechseckiger Taufstein mit Stuckreliefs: Szenen aus dem Leben Jesu (1630/40).

„

Nach dem Krieg waren die Kirche und das davorstehende Denkmal für die im Ersten Weltkrieg Gefallenen noch unbeschädigt. Die Kirche wurde von den Kolchosbauern als Strohlager genutzt. Aber zu Beginn der 50er Jahre benötigte das Militär Steine, um die beschädigten Straßen auszubessern. Da man sich nicht entschließen konnte, die Kirche zu sprengen, weil Wohnhäuser sehr nahe bei ihr standen, wurde sie abgetragen. Dabei halfen den Soldaten die Einwohner, die unter dem Turmdach Goldmünzen entdeckten. So wurde die Kirche in den Jahren 1952/53 nach und nach zerstört. Das Denkmal wurde ebenfalls zerschlagen, jetzt sind von ihm nur noch Sockelstücke übrig.

„

1994

Seckenburg

Заповедное
[Sapowednoje]

Kreis Niederung
(Elchniederung)

1890 nach der Abzweigung von Alt Lappienen errichtetes selbständiges Kirchspiel. Der Bau der Kirche wurde 1896 vollendet.

> " *Nach dem Krieg war die Kirche unversehrt und wurde als Lagerhalle genutzt. 1990 ist sie in gutem Zustand, praktisch vollständig erhalten. Von Westen wurde eine Türöffnung durchgebrochen, die unteren Fenster sind zugemauert.* "

1993

Skören

Городково
[Gorodkowo]

Kreis Niederung
(Elchniederung)

Nach Verselbständigung des Kirchspiels 1909 wurde 1932 der achteckige Bau aus Holz mit Türmchen errichtet.

„ *Nach dem Krieg war die Kirche unversehrt. Bis etwa 1978/1979 wurde sie zum Trocknen von Getreide genutzt. Anfangs beerdigten die russischen Umsiedler neben dem Gebäude auch ihre Toten.*

Im Jahre 1979 riß man die Kirche ab und transportierte die Dachziegel ab. Der kleine Friedhof wurde aufgegeben und an der Stelle der Kirche ein Schuppen mit einem Melkstand eingerichtet.

Im Jahre 1997 kann man nur noch die Reste des Fundaments der Kirche sehen. „

1997

Groß Schorellen

Adlerswalde

Саратовское
[Saratowskoje]

Kreis Pillkallen
(Schloßberg)

Jubiläumskirche. Einweihung am 12. September 1907. Einschiffiger Bau aus Feldsteinen und Ziegeln im gotischen Stil mit seitwärts gestelltem Turm, der durch einen Dachreiter gekrönt ist.

1992

,, *Während der Kampfhandlungen 1945 wurde der Turm von einer Granate beschädigt. Die Kirche selbst blieb unversehrt.*

1954 wurde die Glocke abgenommen und als Altmetall abgeliefert. 1956/57 wurde die Kirche von Jugendlichen aus der Siedlung angezündet. Die Dachkonstruktionen brannten ab und das Dach stürzte ein. Später wurden die Mauern abgerissen und, da die Backsteine nicht dem Standard entsprachen, wurden sie zur Instandsetzung von Straßen verbraucht. Im Jahre 1996 steht nur noch ein Turmfragment.

Die Einwohner zogen aus der Siedlung weg. Heute stehen hier nur noch drei einigermaßen erhaltene Häuser. Alle anderen Gebäude sind zerstört. ,,

Groß Warningken

Steinkirch

Заболотное
[Sabolotnoje]

Kreis Pillkallen
(Schloßberg)

Ein 1895 im romanischen Stil erbautes Gotteshaus: Ziegelbau mit gerade geschlossener Altarnische und vorgelegtem quadratischem Turm, der in eine achteckige Spitze ausläuft.

,, *Dieser Ort wurde völlig aufgegeben. Er ist spurlos vom Erdboden verschwunden und es gibt über ihn keinerlei Informationen. Es ist nur schwer möglich, den Weg dorthin festzustellen. Hinfahren kann man nur mit einem Jeep.*

An der Stelle der Kirche kann man noch einige Feld- und Ziegelsteine finden. ,,

1997

Kussen

Вєсново
[Wessnowo]

Kreis Pillkallen
(Schloßberg)

Massiver rechtecki-ger Bau mit hölzer-nem Dachturm, am 23. Juni 1743 einge-weiht. 1790 wurden Erweiterungsbauten vorgenommen.

> *Nach Beendigung der Kampfhandlungen war die Kirche unversehrt. Sie wurde als Lagerhalle für landwirtschaftliches Gerät genutzt. Der Turm und die Anbauten im Osten und Westen sind nicht erhalten. Das Dach wurde instandgesetzt und mit Ziegeln gedeckt. Der zerfallene Ostgiebel wurde durch eine Holzkonstruktion ersetzt.*
>
> *Sommer 1995: Das Gebäude wird nicht mehr genutzt und verfällt*
>
> *Im Sommer sieht die Siedlung nicht schlecht aus, ist aber vernachlässigt und sehr schmutzig. Viele alte Häuser sind unbewohnbar geworden und werden abgerissen.*

1994

Lasdehnen

Haselberg

Краснознаменск
[Krasnosnamensk]

Kreis Pillkallen
(Schloßberg)

Rechteckiger neugotischer Ziegelbau mit Apsis und hohem Turm. Nach einem Entwurf des Schinkel-Schülers August Stüler 1874-1877 erbaut.

1992

> *Nach dem Kriege war die Kirche unversehrt und wurde zunächst als Garage, seit Ende der 60er Jahre als Lagerhalle für Baumaterialien genutzt.*
>
> *Zustand 1987: Wenn man davon absah, daß durch die Südwand eine quadratische Öffnung gebrochen war, war praktisch alles in Ordnung. Von den Emporen waren nur noch die hölzernen Säulen mit Querbalken erhalten. 1989 wurden Innenarbeiten im Altarbereich durchgeführt. Im oberen Teil des Turmes, an seiner Südostecke, steckte ein nicht explodiertes Artilleriegeschoß.*
>
> *1991 wurde die Kirche der Orthodoxen Kirche übergeben. Nach einer Renovierung finden in ihr Gottesdienste statt.*
>
> *Krasnosnamensk ist Kreisstadt. Das Städchen ist - wie auch die anderen Städte dieses Gebiets - stark vernachlässigt. Das Zentrum ist nicht schlecht erhalten.* "

Mallwischken

Mallwen

Майское
[Majskoje]

Kreis Pillkallen
(Schloßberg)

1730 als hölzerner achteckiger Zentralbau errichtet. 1829 wurde auf das Dach der hölzerne Turm mit Umgang gesetzt.

> *Die Kampfhandlungen im Jahre 1945 verschonten die Kirche. Aber schon bald nach dem Kriege – vermutlich in den 50er Jahren – wurde sie demontiert.*
>
> *Um 1963 standen noch Teile der Mauern; Ende der 60er Jahre war sie vollständig abgerissen. Zu Beginn der 80er Jahre wurde die Fläche geebnet und ein Platz geschaffen. Neben dem Platz steht heute das Kulturhaus.*

1997

Pillkallen

Schloßberg

Добровольск
[Dobrowolsk]

Kreis Pillkallen
(Schloßberg)

Verputzter Feldsteinbau von 1756-1758, Turm von 1910. Der Innenraum ist dreischiffig, nur das Mittelschiff ist gewölbt. Zur Ausstattung gehören wertvolle Holzschnitzereien, die aus der alten, 1644-1650 erbauten Pillkaller Kirche stammen. Ein Beichtstuhl von 1559, noch mit Vergitterung, ist der früheste erhaltene protestantische Beichtstuhl Ostpreußens.

„

Während des Zweiten Weltkrieges wurden Stadt und Kirche stark zerstört. In den 60er Jahren wurden die Überreste der Kirche abgerissen. An deren einstigem Standort setzte man den gefallenen sowjetischen Kämpfern ein Denkmal.

Die Stadt ist praktisch vollständig - mit Ausnahme von zehn bis fünfzehn Häusern - zerstört. 1990 begann ein umfangreicher, aber langsamer Aufbau. Heute hat dieser Ort kein Stadtrecht mehr.

„

1993

Schillehnen

Evangelische Kirche

Schillfelde

Победино
[Pobedino]

Kreis Pillkallen
(Schloßberg)

Einfacher Holzbau, 1794-96 errichtet. Die Innenausstattung ist schlicht.

> Im Jahre 1946 war die Kirche in einem ausgezeichneten Zustand. Sie wurde bis 1970 als Freizeitklubhaus genutzt. Von 1970 bis 1975 diente sie als Lagerhaus. Da in der ganzen Zeit jegliche Reparaturmaßnahme unterblieb, verfiel das Gebäude und wurde 1975 abgerissen. Die Kirche befand sich auf der Fläche hinter dem niedrigen Zaun rechts.
>
> Die Stadt ist so verwahrlost wie die meisten Orte im Königsberger Gebiet. Alte Gebäude sind zerstört oder zerfallen. "

1997

Schillehnen

Katholische Kirche

Schillfelde

Победино
[Pobedino]

Kreis Pillkallen
(Schloßberg)

Die katholische Kirche, ein massiver Bau mit kleinem Glockenturm, wurde 1925 eingeweiht. Der Pfarrer betreute die Katholiken im ganzen Kreis Pillkallen (Schloßberg).

" *Die Kirche war nach dem Krieg in einem guten Zustand. Ab 1946 wurde sie als Reparaturwerkstatt für landwirtschaftliche Maschinen genutzt. Später baute man das Dach um und brachte in ihr ein Lager für Baumaterialien unter.*

Seit 1995 steht das Gebäude ungenutzt; es befindet sich in einem katastrophalen Zustand. "

1997

Schirwindt

Кутузово
[Kutusowo]

Kreis Pillkallen
(Schloßberg)

Ein von Friedrich Wilhelm IV. angeordneter und nach Entwürfen von August Stüler ausgeführter gotischer Backsteinbau mit zwei schlanken Türmen und Apsis, eingeweiht am 17. September 1856 und auf Wunsch des Königs "Immanuels-Kirche" getauft. Der Altar ist von einem goldenen Baldachin überwölbt. Das im Ersten Weltkrieg beschädigte Gebäude wurde Pfingsten 1925 neu geweiht.

> *Im Zweiten Weltkrieg wurde die Kirche stark beschädigt; auch die Stadt selbst hat schwer gelitten.*
>
> *An der Stelle der abgerissenen Kirche befindet sich ein länglicher, etwa ein Meter hoher Hügel. Von der Stadt existiert in den 90er Jahren praktisch nichts mehr. Es steht nur noch ein Teil der Schule, die den Grenzsoldaten als Kaserne dient und eine Brücke, die über den Grenzfluß nach Litauen führt.*

1997

Willuhnen

Kreis Pillkallen
(Schloßberg)

Nach einem früheren Bau aus dem 17. Jahrhundert wurde 1893-1895 eine Backsteinkirche mit vorgelegtem hohem Turm errichtet, bei der man romanische Formen nachahmte.

> „ Nach ansonsten unbestätigten Angaben des Handbuches „Ortschaften des Kaliningrader Gebiets" wurde diese Siedlung während der Kampfhandlungen vollkommen zerstört. Nach Kriegsende wurde das gesamte Gebiet zum Truppenübungsplatz. Das Dorf Willuhnen befand sich fast in seinem Zentrum.
>
> Erst 1997 gelang es mir, mit einer genauen Karte die Stelle zu finden, an der die Kirche stand. Dort sieht man noch ein Bruchstück einer Mauer. "

1997

Abschwangen

Тишино
[Tischino]
Kreis Preußisch Eylau

> *Nach dem Krieg war die Kirche unversehrt, doch gleich danach wurde der Turm abgerissen, die Sakristei abgetragen. Die Kirche ging in die Hände des Staates über.*
>
> *Zustand 1990: Die Kirche dient als Lagerhalle für Agrarinventar. An der Stelle des Turmes wurde unter Nutzung seines Fundamentes ein kleiner Schuppen gebaut. Das Dach ist in einem sehr verkommenen Zustand, die Ziegel fallen herunter. Die Südfassade weist einen Riß auf. Der Giebel hat sich vom Dach gelöst und nach Westen geneigt. Die Vorhalle, an der ein Schild mit dem Hinweis hängt, daß die Kirche ein Architekturdenkmal darstellt, ist in einem katastrophalen Zustand.*
>
> *Die Kirche wird seit 1994 nicht mehr genutzt. Ihr Zustand ist kritisch, der des Daches katastrophal. Die Siedlung ist stark vernachlässigt.*

Die Kirche gehörte ursprünglich dem 1402 gestifteten, in der Reformation untergegangenen Augustiner-Eremiten-Kloster Patollen. Einfacher Feldsteinbau des 15. Jahrhunderts mit Backsteineinfassungen. Reicher Altar von 1701 aus der Werkstatt Isaac Rigas, 1728 staffiert.

Deutsche Übersetzung:
„Architekturdenkmal von örtlicher Bedeutung, Kirche 16. Jh., staatlich registriert und geschützt".

1996

Almenhausen

Каштаново
[Kaschtanowo]
Kreis Preußisch Eylau

> *In die Südwestecke des Turmes schlug während des Zweiten Weltkrieges ein schweres Geschoß ein. Andere Beschädigungen sind nicht zu sehen. Nach dem Krieg diente die Kirche als Lagerhalle für Baumaterialien. In den 80er Jahren wurde sie baufällig und steht seitdem leer.*
>
> *Zustand 1990: Das Dach auf dem Turm und auf dem Gebäude ist in einem katastrophalen Zustand. Der Dachstuhl ist verrottet und die Mauern zerfallen. Die Vorhalle ist abgebaut, aber im Mai 1990 hing die Tür noch in den Angeln. Die hölzernen Ornamente sind nur noch im oberen Teil erhalten. Die Sakristei mit den blinden Fenstern ist der am besten erhaltene Teil der Kirche. Im Dorf sind viele alte Häuser zerstört, die übrigen sind sehr vernachlässigt. Ein Gebäude, das wahrscheinlich einmal das Schulhaus war, ist erhalten.*
>
> *Zustand 1996: Das Dach ist inzwischen vollständig eingestürzt.*

Die bald nach 1365 errichtete Kirche gehörte ursprünglich zum Augustiner-Eremiten-Kloster Patollen. Chorloser verputzter Backsteinbau auf Feldstein-sockel mit dreigeschossigem Turm. Der Flügelaltar von 1596, ursprünglich in Mühlhausen aufgestellt, wurde 1719 renoviert. Die Orgel von 1720 ist ein Werk Mosengels.

1992

1996

206

Dollstädt

Краснознаменское
[Krasnosnamenskoje]
Kreis Preußisch Eylau

Chorloser Backsteinbau auf Feldsteinfundament mit vorgelegtem Turm, 1472 bezeugt. Der Altar mit einer Kreuzigungsgruppe im Hauptgeschoß und einer gemalten Abendmahlsdarstellung in der Predella wurde 1623 geschaffen.

,, *Nach dem Kriege war die Kirche noch in Betrieb. Es gab einen Pastor. Auch der Friedhof war unversehrt. Ab 1948, nach der Aussiedlung der deutschen Bevölkerung, wurde sie allmählich zerstört. In der ersten Hälfte der 80er Jahre wurde sie vom Militär akkurat von allen vier Seiten zur Backsteingewinnung gesprengt. Das Pfarrhaus verfällt.*

Von der Kirche findet man heute nur noch Reste des Feldsteinfundaments.

Der Friedhof ist nicht erhalten. **,,**

1997

Jesau

Южный
[Juschnyj]

Kreis Preußisch Eylau

1726 errichteter verputzter Backsteinbau mit vorgelegtem hölzernem Westturm auf massivem Fundament, Mitte des 19. Jahrhunderts renoviert.

> *Die Kirche wurde während der Kampfhandlungen in Mitleidenschaft gezogen und später abgebaut (eine andere Version lautet: gesprengt), Backsteine und Bauschutt wurden wirtschaftlich genutzt. Bis auf den heutigen Tag ist ein Mauerfragment erhalten, an das von allen Seiten Schuppen angebaut wurden.*
>
> *In der Nähe der Kirche sind nicht mehr als fünf Häuser erhalten, aber ca. 500 m weiter nördlich, hinter dem Talkessel, wuchs eine neue Siedlung heran.*

1993

Klein Dexen

Фурманово
[Furmanowo]

Kreis
Preußisch Eylau

Die Kirche ist ein chorloser Feldsteinbau mit einem mehrfach umgebauten Turm und reich gegliedertem Staffelgiebel. Sie wurde um 1400 errichtet. Nach Fertigstellung der neuen Kirche in Stablack 1937 wurde das Inventar in den Neubau überführt. Der Barockaltar wird Isaac Riga zugeschrieben.

> „ Die Siedlung neben der Kirche ist nicht erhalten, weil sie von der Armee für wirtschaftliche Zwecke abgerissen wurde. Die Kirche stand bis in die 80er Jahre, dann wurde sie in den Jahren 1983 bis 1985 von Soldaten zerstört. Es blieben nur einige Findlinge des Fundaments übrig. Heute befinden sich an dieser Stelle einige Bäume. "

1997

Kreuzburg

Славское
[Slawskoje]
Kreis Preußisch Eylau

Ziegelbau auf Feldsteinfundament, rechtwinklig geschlossener Chor und Turm, Baubeginn 14. Jahrhundert, später mehrfach umgebaut. 1715 erhielt der Turm den kuppelartigen Helm. Der Altar entstammt der Werkstatt des Isaac Riga, der auch der Meister der beiden Beichtstühle und des Orgelschnitzwerkes war.

> „ Nach dem Kriege standen die Mauern der Kirche noch. In den 60er Jahren wurden vom Militär im Inneren der Kirche Ausgrabungen vorgenommen und die Keller (Grabgewölbe) untersucht. 1996 existierten von der Kirche nur noch ein Teil des Turmes und Fragmente der Chorwände.
>
> Das mittelalterliche Zentrum wurde 1945 während der erbitterten Kämpfe um diese Stadt zerstört. Nicht mehr als zehn Häuser standen noch, darunter das Amtsgericht mit dem Gefängnis, die Schule und ein Teil der Schulstraße. „

1990

1993

Mühlhausen

Гвардейское
[Gwardejskoje]
Kreis Preußisch Eylau

Feldsteinbau mit rechteckigem Chor und vorgelegtem Westturm. Schiff 14. Jh. 1906/07 umfassende Renovierung. Sehr wertvolle Ausstattung: Altar, Kanzel, Taufkammer, Orgelprospekt von Isaac Riga (zw. 1693 u. 1696). Ausstaffierung und Bemalung der Stühle von Gottfr. Hintz. Epitaphien: Georg v. Kunheim und dessen Ehefrau Margarethe, geb. Luther, jüngste Tochter des Reformators, gest. 1570.

> *Für die Kirche in Mühlhausen endete der Krieg günstig. Und auch 1990 ist sie eine der am besten erhaltenen Kirchen im Königsberger Gebiet. Dabei darf man nicht übersehen, daß sie sich tatsächlich in einem katastrophalen Zustand befindet.*
>
> *In der Sakristei befindet sich eine Mühle, mit der Mischfutter gemahlen wird. Kirchenschiff und Chor dienen als Lagerhalle und auch der Turm wird genutzt. Am Turmhelm und auf dem Dach sind Ziegel beschädigt. Es regnet durch und infolgedessen verfault der Dachstuhl und verrotten die Mauern. Vorhalle und Sakristei sind bisher noch erhalten, aber in der Vorhalle ist ein großes Loch und vom Giebel ist der obere Teil heruntergerissen. Alle Strebepfeiler sind beschädigt. Durch die Südmauer des Schiffes wurde ein quadratisches Tor für die LKW-Zufahrt gebrochen. Alle Fenster sind zugemauert.*
>
> *Innen sind von der einstigen Pracht nur Staub und Verwüstung geblieben, nur an einigen Stellen ist durch den dichten Mehlstaub die Deckenbemalung zu erkennen.*
>
> *Seit Gründung der deutschen evangelisch-lutherischen Gemeinde im Jahre 1991 wird die Kirche in Mühlhausen von deren Vertretern betreut. 1993 begann man mit der Reinigung der Kirche und mit Dachreparaturen. Seitdem werden umfangreiche Arbeiten an Außenmauern und im Kircheninnern durchgeführt. Die LKW-Zufahrt im Süden wurde 1997 wieder zugemauert.*

1997

Preußisch Eylau

Багратионовск
[Bagrationowsk]

Kreis Preußisch Eylau

Mitte des 14. Jh. begonnener chorloser Backsteinbau mit Westturm. Mehrfach renoviert. 1879 gründlich umgestaltet. Dreischiffiger Innenraum. Altar von 1681 mit Kreuzigungsdarstellung. Einziger Rest der gotischen Ausstattung ist die große Triumphbogengruppe.

1964

„ 1945 litt die Kirche unter Artilleriebeschuß und wurde nach dem Kriege zunächst nicht genutzt. 1957 und 1961 untersuchte man sie und schätzte am 28.11.1961 den Zustand der Kirche als zufriedenstellend ein.

1964 war der Zustand immer noch zufriedenstellend. Jedoch führten das Fehlen des Schutzes und die Nichtnutzung zur Zerstörung des südlichen Turmanbaus. Auch das Dach und die Dachstuhlkonstruktion begannen zu zerfallen. Das Kirchengebäude stand leer und alle Eingänge waren offen. Der obere Teil des Ostgiebels war wegen einer Bresche von einem Granateinschlag die einzige Stelle, die sich in einem katastrophalen Zustand befand. Der Turm wies Spuren von drei Geschützeinschlägen auf.

Die Kirche wurde ohne Rücksicht darauf, daß ihr 1964 ein „Paß" als Architekturdenkmal ausgestellt wurde, Ende der 60er Jahre als Fabrikhalle eingerichtet. Sie ist fast von allen Seiten von allen möglichen Backsteinanbauten umbaut und von Rohren verschiedener Durchmesser umgeben. Durch die Wände sind zahlreiche rechteckige Fenster gebrochen. Die nördliche Vorhalle ist erhalten, aber der Turm schrecklich verunstaltet. Der Turmhelm ist abgerissen und durch ein flaches Dach ersetzt. Um die Kirche herum sind die Strebepfeiler zu erkennen. Alle Gebäudeteile sind mit graublauer Farbe gestrichen.

Der Friedhof ist nicht erhalten. „

1996

Schmoditten

Рябиновка
[Rjabinowka]
Kreis Preußisch Eylau

Verputzter Feldsteinbau aus der Mitte des 14. Jahrhunderts mit 1380 vollendetem Backsteinturm. Der von Johannes Pfeffer 1676 geschaffene Altar wurde zum Kanzelaltar umgestaltet.

„ *Nach dem Kriege fanden die ersten Übersiedler aus Rußland noch eine völlig intakte Kirche vor. Im Kirchturm hingen Glocken, am Altar befanden sich Heiligenbilder.*

Ende 1960 waren von all dem nur noch Mauern übrig. Innen und außen wuchsen Unkraut und Sträucher. 1970 wurden die Überreste der Kirche vom Militär gesprengt, Bauschutt und Trümmer wurden vollständig für die Instandsetzung der Straßen abtransportiert. An der Stelle von Kirche und Friedhof wurde ein Dreschplatz mit Überdachung angelegt. Die Kirche befand sich links von diesem Gebäude. Das Dorf ist schmutzig und verkommen. Viele Häuser sind abgerissen. Es gibt einige Neubauten. „

1997

Stablack

Долгоруково
[Dolgorukowo]
Kreis Preußisch Eylau

Neubau von 1937, Ausstattung übertragen aus Klein Dexen.

> „ *Die Kirche von Stablack überstand den Krieg wohlbehalten. Einwohner von Schlautinen, die noch 1947 bei der Ernte eingesetzt und in Stablack untergebracht waren, sagten aus, daß Kirche und Turm unbeschädigt waren. Dann stand die Kirche leer und die Innenausstattung wurde entfernt. Die erste Zeit nach dem Krieg diente die Kirche zunächst als Pferdestall, dann als Kinosaal. Später wurde in der Kirche ein Klub eingerichtet. Seit 1990 wird sie als Kulturhaus genutzt.*
>
> *Ihr Allgemeinzustand ist befriedigend. Der Turm wurde bis auf Dachfirsthöhe des Kirchenschiffs abgerissen.* „

1994

Tharau

Владимирово
[Wladimirowo]
Kreis Preußisch Eylau

Backsteinbau auf Feldsteinfundament mit außen gradlinig, innen fünfseitig schließendem Chor, Baubeginn 2. Hälfte 14. Jh., der vorgelegte Westturm im 16. Jh vollendet. Der Altar, 1688 von J. Chr. Döbel aufgestellt, gehört zu den wertvollsten Bildhauerarbeiten Ostpreußens. – Im Pfarrhaus wurde 1615 Anna Neander, besungen als Ännchen von Tharau, geboren.

ÄNNCHEN VON THARAU

1. { Änn-chen von Tha-rau ist's, die mir ge-fällt,
     Änn-chen von Tha-rau hat wie-der ihr Herz

sie ist mein Le-ben, mein Gut und mein Geld.
auf mich ge-rich-tet in Lie-be und Schmerz. }

Änn-chen von Tha-rau, mein Reich-tum, mein Gut,

du mei-ne See-le, mein Fleisch und mein Blut.

2. Käm alles Wetter gleich auf uns zu schlahn, wir sind gesinnt, beieinander zu stahn. Krankheit, Verfolgung, Betrübnis und Pein soll unsrer Liebe Verknotigung sein. Ännchen von Tharau, mein . . .
3. Würdest du gleich einmal von mir getrennt, lebtest da, wo man die Sonne kaum kennt; ich will dir folgen durch Wälder und Meer, Eisen und Kerker und feindliches Heer. Ännchen von Tharau, mein Licht, meine Sonn, mein Leben schließ ich um deines herum!
Worte: Simon Dach zugeschrieben, ins Hochdeutsche übertragen von Johann Gottfr. Herder, 1778   Weise: Friedrich Silcher

> " *Bei Kriegsende war die Kirche sowohl außen als auch innen noch unbeschädigt. Dann wurden die Orgel demontiert, die Glocke heruntergeholt und Ziegel beschädigt. Der Bau wurde bis in die 70er Jahre für wirtschaftliche Zwecke genutzt, zuletzt als Lagerhalle für Kunstdünger. Für die Zufahrt hatte man im Chor von Osten und im Schiff von Norden Tore durchgebrochen. Später, als das Dach kaputt ging und das Gewölbe undicht wurde, verlegte man das Lager in ein anderes Gebäude. Die Kirche stand verlassen da.*
>
> *1990 übergab der Dorfsowjet die Kirche kostenlos an eine große Firma, die als Sponsor das Gebäude restaurieren und der Orthodoxen Kirche zur Verfügung stellen wollte. Die Instandsetzungsarbeiten kamen nicht in Gang, da die Firma wegen finanzieller Schwierigkeiten ihren Plan aufgab.*
>
> *1997: Der Zustand des ungenutzten Gebäudes verschlechtert sich.*
>
> **Die Siedlung befindet sich in einem sehr schlechten Zustand. Viele Häuser wurden baufällig und dann abgerissen. Das gleiche Schicksal ereilte auch das Pfarrhaus, in dem das von Simon Dach gerühmte Ännchen von Tharau gewohnt hat.** "

1996

Uderwangen

Чехово
[Tschechowo]
Kreis Preußisch Eylau

Ende des 14. Jahrhunderts errichteter Feldsteinbau mit halbrundem
Backsteinchor und Anfang des 16.
Jahrhunderts vorgelegtem Westturm,
1876 abgeschlossen. Der reich ver-
zierte Kanzelaltar, 1720 von Matthias
Poertzel geschaffen, ist eines der
frühesten Beispiele seiner Art.

> *1945 wurden die Ziegel beschädigt. 1969 war der Dachstuhl verrottet und das Dach eingestürzt. 1985 begann auf Anordnung des Kolchosvorsitzenden die Zerstörung der Mauern unter Verwendung von Militärtechnik. Backsteine und Steine wurden einer wirtschaftlichen Verwendung zugeführt.*
>
> *Seit 1990 befindet sich der Turmhelm in einem katastrophalen Zustand, ebenso die Fragmente der Südwand mit Stützpfeilern. Der Friedhof existiert nicht mehr. Man trifft nur auf einzelne Grabsteinbruchstücke. Die Siedlung ist sehr schmutzig und verwahrlost.*
>
> *Das Schulgebäude und der Sockel des Denkmals für die im Ersten Weltkrieg Gefallenen auf der anderen Straßenseite sind erhalten. Am linken Flußufer stehen viele Neubauten.*

1993

Bilderweitschen

Bilderweiten

Evangelische Kirche

Луговое
[Lugowoje]
Kreis Stallupönen
(Ebenrode)

Rechteckiger Feldstein-
bau mit dreiseitigem
Schluß und hölzernem
Dachreiter aus dem Jahre
1730, nach Kriegsbeschä-
digungen 1920 restau-
riert.

1997

> *Die evangelische Kirche stand nach dem Krieg noch einige Jahre und wurde dann abgerissen. Ihr Grundstück diente als Abstellplatz für landwirtschaftliche Maschinen. Am Rande des Platzes liegen noch einige Feld- und Ziegelsteine als letzte Überreste dieser Kirche.*

1997

217

Bilderweitschen

Bilderweiten

Katholische Kirche

Луговое
[Lugowoje]

Kreis Stallupönen
(Ebenrode)

Die katholische Pfarrkirche wurde 1860-61 erbaut.

> Die katholische Kirche ist unversehrt und wird als Lagerhalle und Kühlraum genutzt. Alle Fenster sind zugemauert und das Dach ist mit Asbestzementplatten gedeckt. Im Chor ist von Osten her eine quadratische Öffnung für die Wagenzufahrt durchgebrochen. Die Heiligenfiguren existieren nicht mehr.
>
> Neben der Kirche steht das Gebäude der ehemaligen Schule.
>
> Die Siedlung ist erschreckend verwahrlost und furchtbar schmutzig. Alle alten Gebäude sind in einem sehr schlechten Zustand.

1991

Enzuhnen

Rodebach

Репино
[Repino]

Kreis Stallupönen
(Ebenrode)

Am 18. November 1883 wurde die Kirche eingeweiht, ein schlichter Saalbau mit dreiseitigem Schluß.

> *Während der Kampfhandlungen wurde die Kirche stark beschädigt und brannte innen aus. 1947 standen nur noch die Mauern. In der Folgezeit verfiel die Kirche und 1990 waren nur noch ein Fragment der Nordmauer und ein Teil der Mauer des Chores geblieben.*
>
> *Im Jahre 1993 wurden auch diese Überreste von Dorfbewohnern abgerissen und als Baumaterial verwandt.*

1992

Eydtkuhnen

Eydtkau

Чернышевское
[Tschernyschewskoje]

Kreis Stallupönen
(Ebenrode)

Zwischen 1887 und 1889 errichteter Backsteinbau in romanischem Stil auf kreuzförmigem Grundriß mit polygonal geschlossenem Chor und zwei Türmen.

> *Während der Kampfhandlungen wurde die Kirche stark beschädigt. Die Turmhelme und das Dach des Kirchenschiffs waren zerstört. Die Kirche diente dann dem Militär als Lager. Heute steht sie ungenutzt.*
>
> *Nach dem Krieg gingen zwei Drittel der Stadt an die Armee. Der übrige Teil befindet sich in einem schrecklich verkommenen Zustand.*

1996

Göritten

Пушкино
[Puschkino]

Kreis Stallupönen
(Ebenrode)

Durch Friedrich Wilhelm I. wurde die infolge der Pest entvölkerte Gegend mit vorwiegend reformierten Kolonisten aus Nassau, aus der Pfalz und aus Württemberg besiedelt. 1725 wurde die Kirche, ein rechteckiges massives Gebäude mit Turm, fertiggestellt. Die 1914 zerstörte Kirche wurde nach ihrer Wiederherstellung am 25. Juni 1925 eingeweiht.

„ *Während der Kampfhandlungen wurde die Kirche beschossen und dadurch stark beschädigt. An den Mauerresten sind bis jetzt die Spuren der Artilleriegeschosse und Gewehrkugeln sichtbar.*

Zustand 1996: Der westliche Teil der Kirche ist zerstört beziehungsweise abgerissen. Die Überreste des östlichen Teils, die als Gerätelagerraum dienen, sind mit Asbestzementplatten gedeckt. Breschen und Fenster sind zugemauert. „

1992

Kassuben

Ильинское
[Iljinskoje]

Kreis Stallupönen
(Ebenrode)

Jubiläumskirche. Einweihung 1908. Kirche und Pfarrhaus sind zu einer Gruppe vereinigt. Die Kirche ist ein massiver Bau mit Turm auf Feldsteinfundament und polygonalem Chorabschluß in bewußter Anlehnung an mittelalterliche Formen.

> *Die Kirche wurde während der Kampfhandlungen stark beschädigt. Turm und Dach wurden zerstört. Nach dem Kriege wurde die Kirche nicht genutzt und die Mauern zerfielen rapide.*
>
> *1996 war nur noch das Skelett des Gebäudes vorhanden. Vor dem Kircheneingang hängt eine Sandsteinplatte mit einem Kruzifix, einem Text und einem Wappen, auf dem ein Adler dargestellt ist. Das Pfarrhaus ist unversehrt. Die Siedlung ist ziemlich verwahrlost.*

1993

Kattenau

Заветы
[Sawety]

Kreis Stallupönen
(Ebenrode)

Rechteckiger Bau aus Feldsteinen und Ziegeln ohne Turm, errichtet im Jahre 1811.

> *Während des Krieges blieb die Kirche unversehrt. Sie wurde danach von einem Kolchos als Lagerhalle für landwirtschaftliches Inventar genutzt. Um bequemer be- und entladen zu können, wurde durch die Südwand ein großes längliches Fenster gebrochen.*
>
> *1980 wurde die Kirche aufgegeben und teilweise zerstört. 1990 standen noch der Westgiebel und Teile der Nord- und Südwand. Ostwand und Sakristei waren bereits abgerissen. 1992 wurde die Kirche vollständig abgerissen. Die Siedlung ist stark vernachlässigt; viele alte Häuser sind verlassen. Das Hotel und die Schule sind erhalten.*

1990

Mehlkehmen

Birkenmühle

Калинино
[Kalinino]

Kreis Stallupönen
(Ebenrode)

Zwischen 1699 und 1706 errichteter Feldstein- und Ziegelbau mit abgeschrägten Ecken und Turm; der erste Grundriß dieser Art in der Region.

1994

> Die Kirche war nach dem Krieg unversehrt. Da sie aber nicht genutzt wurde, befand sie sich bald in einem katastrophalen Zustand. Der Turmhelm war zerstört. Nach einem Beschluß, sie als Lagerhalle für Landwirtschaftsgeräte zu nutzen, wurden ihre Fenster zugemauert und ihr Dach wurde mit Asbestzementplatten gedeckt. Vom Turm blieben nur die Mauern stehen, in ihm befand sich dann ein Wasserturm.
>
> 1996 wurde die Kirche der Orthodoxen Kirche übergeben. Reparaturen sind geplant. In der Nähe der Kirche steht ein großes Schulgebäude.
>
> Die Siedlung ist verwildert, aber sehr malerisch.

Pillupönen

Schloßbach

Невское
[Newskoje]

Kreis Stallupönen
(Ebenrode)

Rechteckiger Bau aus Feldsteinen und Ziegeln mit dreiseitigem Schluß von 1778. Die unteren Teile des Turms stammen von 1686, der Oberbau von 1777-78 und der Abschluß von 1816. Nach der Zerstörung 1914 mußten wesentliche Teile erneuert werden.

> „ Die Kirche ist vollständig erhalten und diente bis 1994 als Lagerhalle für Kunstdünger. Das Dach von Kirche, Vorhalle und Sakristei ist mit Asbestzementplatten gedeckt. Südlich der Kirche steht ein Denkmal für die im Ersten Weltkrieg Gefallenen.
>
> Von den Jahreszahlen am Turm sind nur noch „1770" und „ . 686" erhalten. Die Kirchenfenster an der Südseite sind mit Glassteinen zugemauert, die an der Nordseite mit Brettern vernagelt.
>
> 1994 wurde die Kirche mit Mitteln der ehemaligen Einwohner dieses Dorfes geräumt und gesäubert. Im August desselben Jahres hielt ein deutscher Pastor einen Gottesdienst ab. Es fand eine Begegnung der ehemaligen deutschen und jetzigen russischen Einwohner dieser Siedlung statt. "

1994

Soginten

Свирское
[Swirskoje]

Kreis Stallupönen
(Ebenrode)

Das 1772 erbaute Bethaus für die reformierten Siedler wurde 1846 abgebrochen. Die Einweihung der neuen Kirche fand am 25. Juni 1901 statt.

„ *Die Ortschaft existiert nicht mehr. Zu Beginn der 70er Jahre wurde sie dem Erdboden gleichgemacht. Alle Häuser wurden zur Backsteingewinnung abgebaut. Wahrscheinlich wurde damals auch die Kirche abgerissen. Heute befindet sich an dieser Stelle nur noch Buschwerk. Mit Mühe entdeckte ich einige Feldsteine, die vermutlich Teile des Fundaments waren.* „

1990

Stallupönen

Evangelische Kirche

Ebenrode

Нестеров
[Nesterow]

Kreis Stallupönen
(Ebenrode)

Unter dem Einfluß Schultheiß von Unfriedts errichteter massiver Bau mit dreiseitigem Schluß und einem durch eine doppelte hölzerne Laterne bekrönten Turm. Pfingsten 1726 wurde diese Kirche eingeweiht.

" *Während des Krieges wurde die Kirche beschädigt. Sie wurde nicht instandgesetzt, deshalb verfiel sie sehr schnell und wurde in den 50er Jahren abgerissen.* "

1997

Stallupönen

Katholische Kirche

Ebenrode

Нестеров
[Nesterow]

Kreis Stallupönen
(Ebenrode)

Die katholische Herz-Jesu-Kirche wurde 1927 geweiht.

> **"** *Die katholische Kirche war nach dem Krieg in einem guten Zustand. Sie wurde als Haus der Pioniere genutzt. 1993 wurde sie der Orthodoxen Kirche übergeben.* **"**

1997

Tilsit

Deutsche Kirche (Alte Kirche, Stadtkirche, Deutschordens-Kirche)

Советск
[Sowjetsk]
Stadtkreis

> **"** *Bei Kriegsende war die Kirche nahezu unversehrt. Bis zum Jahre 1950 war die hölzerne Innenausstattung vollständig entwendet worden, um als Brennmaterial zu dienen. Der Turmhelm, in dem man Goldmünzen fand, wurde 1952 heruntergerissen. Von 1956 bis zum Beginn der 60er Jahre diente die Kirche als Altstoffsammelstelle. Später wurde das Dach undicht, der Dachstuhl verrottete und die Kirche begann schnell zu verfallen. Während der Aufnahmen zu dem Film „Der Vater des Soldaten" (1965) wurde die Kirche in Brand gesteckt und anschließend abgerissen. An der Stelle der Deutschen Kirche befindet sich heute ein leerer Platz.* **"**

Auf dem Platz einer früheren, bereits seit 1551 bezeugten, 1598 wegen Baufälligkeit abgebrochenen lutherischen Kirche errichtet, gilt dieser Bau als eine der Kirchen, die von vornherein als protestantische Kirche geplant war; ein dreischiffiger rechteckiger Ziegelbau ohne Chor, zwischen 1598 und 1612 erbaut; der Turm, mit dreifachem Kuppelhelm, auf acht Eichenkugeln ruhend, wurde 1702 vollendet. Die wertvolle Ausstattung stammt vorwiegend aus dem 17. Jahrhundert.

1963

1997

Tilsit

Katholische Kirche

Советск
[Sowjetsk]
Stadtkreis

Die katholische Kirche Mariae Himmelfahrt, ein neugotischer Bau von 1847-1851 mit Turm von 1888, wurde 1853 geweiht.

1983

1983

> „ *Nach dem Kriege war das Gebäude der Kirche zum Teil beschädigt, der Turm war erhalten geblieben. Bis Ende der 50er Jahre befand sich in der Kirche eine Altstoffannahmestelle. Die eiserne Umzäunung der Kirche wurde als Zaun für die Schule Nr. 1 verwendet. In den 60er und 70er Jahren wurde die Kirche abgerissen, um Steine zum Bau der Werkstätten der Schule Nr. 1 und für Umzäunungen zu gewinnen. Der Turm stand noch bis 1983, dann wurde er gesprengt.*
>
> *1992 übergab man das Kirchengelände der Katholischen Kirche, die 1993 mit dem Bau einer neuen Kirche auf dem alten Fundament begann. Im November 1996 war der Bau noch nicht abgeschlossen (siehe Foto).* „

1996

Tilsit

Litauische Kirche

Советск
[Sowjetsk]
Stadtkreis

Bau mit ovalem Grundriß, bekrönt von einem turmartigen Dachreiter, 1757-1760 von Landbaumeister Karl Ludwig Bergius erbaut.

> „ Die Litauische Kirche überstand den Krieg ohne Beschädigungen. Wahrscheinlich schon im Winter 1949/50 wurde sie von Kindern angezündet. Sie brannte aus und wurde 1951/52 endgültig abgerissen. „

1951

1997

Tilsit

Neue Kirche, Kreuzkirche

Советск
[Sowjetsk]
Stadtkreis

Die nach Entwürfen von Baurat Siebold aus Bethel bei Bielefeld im neugotischen Stil errichtete Kirche aus unverputztem Backstein auf Feldsteinfundament wurde am 6. Februar 1911 eingeweiht. Der mit spitzem Helm bedeckte Turm steht seitlich und bildet die Verlängerung der abgetreppten Giebelwand.

> „ Nach dem Kriege war die Kirche heil. Seit den 70er Jahren wurde ihr Raum als Werkhalle der Fabrik „Raduga" genutzt. Die Produktion dieses Betriebes unterlag der Geheimhaltung. Heute befindet sich das Gebäude in privater Hand, wird aber nicht genutzt.
>
> Der gesamte obere Teil des Daches wurde abgetragen, innen und außen entstanden viele Anbauten und eine Menge zusätzlicher Fenster wurden durchgebrochen. Die Kirche ist jetzt mit weiteren Betriebsgebäuden umbaut. Sie hat ein ähnliches Schicksal wie die Kirche in Preußisch Eylau (Bagrationowsk) erlitten. "

1991

Tilsit

Reformierte Kirche

Советск
[Sowjetsk]
Stadtkreis

Nachdem die Reformierten ihre Andachten zunächst im Schloß, ab 1703 in einem Betsaal abgehalten hatten, wurde 1898 der Kirchbau nach einem Entwurf des Regierungsbaurats Kapitzke begonnen. Die Einweihung fand am 18. Mai 1900 statt. Die Kirche ist ein schiefergedeckter Backsteinbau im neugotischen Stil mit seitlich stehendem Turm.

1991

Während des Krieges wurde die Kirche beschädigt. Bis in die 70er Jahre verfiel sie allmählich. Das Dach war noch erhalten. 1975 wurde die Kirche - mit Ausnahme des Turmes - völlig abgerissen und an ihrer Stelle ein Klub der Freiwilligen Unionsgesellschaft zur Förderung der Land-, Luft- und Seestreitkräfte gebaut. Bis auf den heutigen Tag ist von der Kirche nur der Turm ohne Turmhelm erhalten.

Budwethen

Altenkirch

Маломожайское
[Malomoschajskoje]

Kreis Tilsit-Ragnit

Verputzter Saalbau von 1780/82 ohne Turm mit zwei (später) angefügten Giebeln, von denen der 1856 erbaute Westgiebel in ein spitzes Türmchen ausläuft.

> *Nach dem Krieg war die Kirche unversehrt. Zunächst stand sie ungenutzt, diente dann einige Zeit als Lagerhalle und wird - nachdem Sakristei und Vorhalle zerstört, die Fenster zugemauert, die Außenwände verputzt und gestrichen waren - als Kulturhaus und Kino genutzt. Südlich und westlich wurden Räume angebaut.*
>
> *Im Dezember 1995 brannte das Kirchengebäude bis auf die Mauern ab.*
>
> *Die Siedlung ist vernachlässigt, aber nicht schlecht erhalten.*

1994

Groß Lenkeningken

Großlenkenau

Лесное
[Lessnoje]

Jubiläumskirche. Sie wurde am 23. Oktober 1904 eingeweiht, ein Ziegelbau im Stil der Ordensgotik, aber mit Chorturm im Osten.

1997

1997

,, *Nach dem Ende der Kriegshandlungen war das Kirchendach beschädigt. Vermutlich wurde die Kirche in den 50er Jahren gesprengt und die Steine wurden wirtschaftlich genutzt. Heute sind noch Teile des Fundaments der Kirche, ein Taufbecken und das Denkmal für die Gefallenen des Ersten Weltkriegs erhalten. Die Siedlung ist in einem relativ guten Zustand.* ,,

Jurgaitschen

Königskirch

Канаш
[Kanasch]

Kreis Tilsit-Ragnit

Am 1. Juni 1841 wurde in Gegenwart von König Friedrich Wilhelm IV. der Grundstein für den Bau gelegt, der im Juli 1845 eingeweiht wurde: eine Hallenkirche aus Ziegeln ohne Turm.

> *Die Kirche war nach dem Kriege - bis auf das beschädigte Dach - unversehrt. Da sie lange ungenutzt stand, stürzte das Dach ein und die Mauern begannen zu verfallen. Danach wurde beschlossen, die Kirche als Tenne zu nutzen. Die Mauern wurden bis zum Fries abgetragen und mit einem neuen Dach gedeckt. Über dem Haupteingang ist eine Platte mit der Jahreszahl 1842 erhalten.*

1993

Kraupischken

Breitenstein

Ульяново
[Uljanowo]

Kreis Tilsit-Ragnit

Die Kirche liegt innerhalb der ursprünglichen Friedhofsmauer. Chorloser verputzter Saalbau von 1772, im einfachsten Schema der Kolonialkirchen. Turm von 1893.

> „ Die Kirche hatte während der Kampfhandlungen Mitte Januar 1945 stark gelitten. Der Angriff eines sowjetischen Bataillons brachte dem Dorf hohe Verluste.
>
> 1989 sind noch das Turmskelett und die Süd- und Nordmauer des Kirchenschiffes erhalten. Die Ostmauer mit der Sakristei ist zerstört. Von der Vorhalle im Süden stehen noch niedrige Mauerreste. Der Friedhof an der Kirche ist praktisch nicht erhalten.
>
> 1976 wurde das Denkmal für die im Ersten Weltkrieg gefallenen Soldaten abgerissen. Bei der Demontage des Denkmals wurde eine Kapsel mit Dokumenten gefunden. Diese Dokumente werden vom Schuldirektor aufbewahrt. Die Siedlung sieht, obwohl sie viele Neubauten hat, sehr vernachlässigt aus.
>
> 1996: Der Zustand der Kirchenruine ist unverändert. „

1992

Lengwethen

Hohensalzburg

Лунино
[Lunino]

Kreis Tilsit-Ragnit

Schlichter verputzter Feldsteinbau ohne Turm, 1732 bis 1735 von Salzburger Einwanderern errichtet.

> „ *Lunino ist eine kleine Siedlung an einer Straßenkreuzung. Die Kirche war nach dem Kriege unversehrt und wird seit 1951 als Kulturhaus genutzt. Für diesen Zweck wurde sie 1980 grundlegend umgebaut, renoviert und das Dach wurde mit Asbestzementplatten gedeckt. Die westliche Vorhalle wurde aufgestockt und besteht jetzt aus zwei Etagen. Der Eingang wurde im Süden angelegt, die Fenster wurden zugemauert. Nur kleine standardisierte Fensteröffnungen ließ man frei. 1988 wurde das Gebäude mit einer schrecklichen violetten Farbe angestrichen. Die kleine Siedlung ist verkommen.* „

1994

Neu Argeningken

Argenbrück

Новоколхозное
[Nowokolchosnoje]

Kreis Tilsit-Ragnit

Die Kirche wurde am 21. August 1910 eingeweiht, ein verputzter Bau mit halb eingezogenem Turm mit Zwiebeldach und gerade abschließendem Altarraum.

> *Die Kirche war nach dem Krieg unversehrt und wurde zunächst nicht genutzt. Später diente sie als Getreidelager. Der Turmhelm wurde abgerissen.*
>
> *1990 ist die Kirche ein nicht schlecht erhaltenes Gebäude mit zugemauerten Fenstern und einem neu gedeckten Asbestzementplattendach. Die bescheiden verzierte Turmtür ist erhalten.*
>
> *Am 1. März 1994 wurde das Gebäude der Orthodoxen Kirche übergeben. Es wurde aber bisher nicht für kirchliche Zwecke genutzt. Der Friedhof ist nicht erhalten. Die Siedlung hat nichts Bemerkenswertes.*

1994

Pokraken

Weidenau

Ленинское
[Leninskoje]

Kreis Tilsit-Ragnit

Die Errichtung der Kirche in neuromanischen Formen mit geradem
Abschluß und spitzem quadratischem Turm erfolgte 1894 bis 1896.

> *Nach dem Kriege 1945 war die Kirche unversehrt und wurde für wirtschaftliche Zwecke genutzt. Einige Jahrzehnte wurde sie nicht renoviert, was zum Verfall des Ziegeldaches führte. 1980 hielten sowohl das Dach der Kirche als auch das des Turmes noch. Das Gebäude war stabil, wurde aber nicht genutzt.*
>
> *1996 ist der Dachstuhl verrottet und das Dach befindet sich in einem katastrophalen Zustand. Die Siedlung ist vernachlässigt.*

1993

1994

Ragnit

Неман
[Neman]

Kreis Tilsit-Ragnit

Verputzter dreischiffiger, anstelle einer älteren Kirche errichteter Bau aus dem Jahr 1772 nach Entwürfen von Johann Friedrich Fischer, mit Turm von 1853.

„ *Während der Kampfhandlungen in der Stadt im Januar 1945 wurde die Kirche nicht beschädigt. In der Nachkriegszeit blieb sie ungenutzt. Nach einem Unfall im Jahre 1953 befahl die Stadtverwaltung, den Turm bis zum Dachfirst abzutragen. Ungefähr 1955 wurde mit dem Umbau begonnen: Im Erdgeschoß wurde ein Möbelgeschäft, im ersten und zweiten Stock ein Wohnheim untergebracht.*

Jetzt machen die Überreste der Kirche einen seltsamen Eindruck. Es handelt sich um ein gewöhnliches zweistöckiges Gebäude mit einem Asbestzementplattendach und einem seltsam abgehackten Turm mit einem ungenutzten Rundbogeneingang. Östlich davon sind im Boden die Fundamente des Denkmals für die Gefallenen des Ersten Weltkriegs erkennbar.

1993 wurde ein Raum im Ostteil der Kirche für eine katholische Kapelle und im Westteil einer für die orthodoxe Gemeinde zur Verfügung gestellt. „

1993

Rautenberg

Узловое
[Uslowoje]
Kreis Tilsit-Ragnit

Die Kirche im Rund-
bogenstil aus verputz-
tem Ziegelmauerwerk
mit Giebelturm als
Glockenträger wurde
1876 eingeweiht.

> *1990 war die Kirche unversehrt, aber sehr vernachlässigt und diente als Lagerhalle für Werkzeug, Ersatzteile etc. Im Bereich der Sakristei war das Dach durchgebrochen, die Decke war verrottet, aber die Emporen standen noch. Der Altarraum war leer, die Kanzel unbeschädigt. Die Fenster waren mit Brettern vernagelt.*
>
> *1994 ist die Kirche stark zerstört. Die Gegend um die Kirche ist sehr sumpfig. Auf der anderen Straßenseite befindet sich das Schulgebäude. Die Siedlung ist sehr vernachlässigt.*

1994

Schillen

Жилино
[Schilino]
Kreis Tilsit-Ragnit

Als einfacher verputzter Backsteinbau mit polygonal geschlossenem Chor 1819 nach dem Ein-
sturz des Turmes und des Schiffes wieder aufgebaut, der Turm
1827 errichtet.

"
Nach 1945 war die Kirche unversehrt und diente lange Zeit als Getreidespeicher. Der Turmhelm, in dem 1965 Münzen gefunden worden waren, wurde abgetragen. Weil selbst die allereinfachsten Aufsichts- und Pflegearbeiten unterblieben, begannen die Ziegel herunterzufallen. Die Dachkonstruktion verrottete. Deshalb wurde 1983 der Speicher in ein anderes Gebäude verlegt. Im selben Jahr wurde die Kirche in Brand gesetzt. Danach stürzte das Dach ein.

1989 bot die Kirche einen traurigen Anblick: Vom Turm standen nur noch die Mauern. Auch das Kirchenschiff bestand nur noch aus Mauern; die Vorhalle hatte kein Dach und keinen Giebel mehr, die Sakristei war abgerissen worden. Innen war nur Müll, lagen zerschlagene Ziegel herum. Der Dachstuhl war verbrannt. Nur der Chor hatte noch ein stark beschädigtes Dach.

Zustand 1990: Die Kirche war innen gesäubert, denn man hatte vor, in ihr ein Sportzentrum einzurichten. 1994 bestand die Kirche nur noch aus leeren Backsteinmauern. Es wurde nicht an ihr gearbeitet. Die Siedlung sieht nicht besser aus als die anderen Siedlungen unseres Gebiets.
"

1993

Trappönen

Trappen

Неманское
[Nemanskoje]

Kreis Tilsit-Ragnit

Die Kirche ist ein unverputzter Ziegelbau mit Turm. Sie wurde 1905 eingeweiht.

> *Während des Krieges wurde die Kirche erheblich beschädigt, nach dem Kriege nicht genutzt und später abgerissen. Ihr Standort befand sich links vom erhalten gebliebenen Pfarrhaus.*
>
> *Im Jahre 1993 wurde als deutsch-russisches Gemeinschaftsprojekt auf den Grundmauerresten des alten Denkmals (siehe oben) ein neues Ehrenmal für die Gefallenen und Verstorbenen beider Weltkriege errichtet. Der Text lautet: „Den Toten zur Ehre, den Lebenden zur Mahnung". Feierlich begingen am 28. August 1993 heutige russische und frühere deutsche Bürger des Ortes die Einweihung des Denkmals.*

1997

Wedereitischken

Sandkirchen

Тимофеево
[Timofejewo]

Kreis Tilsit-Ragnit

1906 fand die Grundsteinlegung für das Gotteshaus statt, das am 22. Dezember 1907 eingeweiht wurde. Die Kirche ist ein unverputzter Ziegelbau mit Turm und gerade geschlossenem Chor mit Anklängen an die Ordensarchitektur.

> *Die Kirche ist unversehrt und dient als Lagerhalle für Baumaterialien. Der Turmeingang wurde zur bequemeren Nutzung erweitert und stellt jetzt ein quadratisches Loch dar. Vom Turm und Kirchenschiff fallen jetzt die Dachziegel herunter und die Dachkonstruktion verrottet. Im Chor ist noch die Bemalung erhalten. Im großen und ganzen ist die Kirche in keinem schlechten Zustand.*

1993

Allenburg

Дружба
[Druschba]

Kreis Wehlau

Einschiffiges Langhaus mit hohem Westturm aus Feldstein und Ziegeln, ohne Chor, aus dem Jahre 1405. Nach schweren Zerstörungen im Ersten Weltkrieg wurde die Kirche am 30. August 1925 neu eingeweiht. Das Altarbild ist eine Kopie von van Dijks "Grablegung".

> *Nach dem Krieg war die Kirche unversehrt und diente als Lagerhalle und zum Trocknen von Getreide. Das Dach ist mit Asbestzementplatten gedeckt und die Sakristei zerstört. Der äußere Anblick der Kirche ist relativ zufriedenstellend.*
>
> *Die Stadt existiert praktisch nicht mehr; es sind nur noch einzelne, verstreut stehende Häuser erhalten. In den noch verbliebenen Vierteln werden die Häuser abgerissen.*
>
> *Die katholische Kapelle ist noch erhalten.* "

1994

Goldbach

Славинск
[Slawinsk]

Kreis Wehlau

1706 wiederhergestellter, auf das 14. Jahrhundert zurückgehender Saalbau aus Feldsteinen und Ziegeln mit vorgelegtem Westturm auf einer steilen Anhöhe und weithin sichtbar. Der Kanzelaltar ist eine nachträgliche Vereinigung der um 1685 vielleicht von Christian Klodssey geschaffenen Kanzel und dem 1672 gearbeiteten Altar. Aus der Klodssey-Werkstatt stammen auch der Taufengel und der Beichtstuhl.

> *Nach dem Krieg war die Kirche unversehrt. In ihr wurde eine große Lagerhalle eingerichtet, die man Mitte der 70er Jahre an einen anderen Platz verlegte. Seitdem war die Kirche verlassen, Ende der 70er Jahre fiel das Dach ein. Es gab zwar Pläne, das Kirchengebäude als Klub oder Handelszentrum zu nutzen, doch blieb die Kirche ungenutzt und verfiel allmählich.*
>
> *1988 standen noch das Skelett des Turmes und Fragmente des Kirchenschiffs und des Chores. Die Siedlung ist vernachlässigt, besser erhalten ist der südliche Ortsteil.*
>
> *1996: Die Situation ist unverändert.*

1964

1992

Groß Engelau

Демьяновка
[Demjanowka]

Kreis Wehlau

Chorloser Backsteinbau vom Ende des 14. Jahrhunderts, der vorgelegte Westturm aus dem 15. Jahrhundert. 1914 wurde die Kirche bis auf die Umfassungsmauern vernichtet; auch die alte Innenausstattung ging verloren. Nach dem Ersten Weltkrieg wurde das Gebäude in der alten Form wiederhergestellt.

1992

„ *Im Kriege war die Kirche Artilleriebeschuß ausgesetzt. 1989 standen nur noch der beschädigte Turm mit dem herrlichen Spitzbogenportal und mit Stützpfeilern und im Süden ein Wandfragment des Kirchenschiffes.*

Von der Siedlung sind nur die große Aufschrift „DEMJANOWKA" auf einem ca. 1,5 x 6 m großen Ortsschild und im Gras rings um die Kirche Fundamente der Häuser übrig. „

Groß Schirrau

Дальнее
[Dalneje]

Kreis Wehlau

Die Kirche wurde am 21. Dezember 1909 eingeweiht.

> *Nach einer sorgfältigen Inspizierung der Überreste der Kirche entsteht der Eindruck, daß sie nach dem Kriege unbeschädigt war. Vertreter der ersten Gruppe der Übersiedler, die etwas über den damaligen Zustand der Kirche hätten sagen können, konnten nicht ausfindig gemacht werden, weil die Siedlung - außer einigen Häusern - praktisch nicht mehr existiert.*
>
> *1989/90 bestand die Kirche aus einem gut erhaltenen Turm mit einem beschädigten Ziegeldach, dem Giebel und Mauerfragmenten. 1994 begann man, die Ruine des Kirchenschiffes abzureißen, um Backsteine zu gewinnen.*
>
> *1996 sind noch die Giebelwand und ein Teil der Mauern des Kirchenschiffs erhalten. Neben der Kirche ist ein Denkmal für die Gefallenen des Ersten Weltkrieges erhalten.*

1994

Grünhayn

Красная Горка
[Krasnaja Gorka]

Kreis Wehlau

Verputzter Feldsteinbau mit eingezogenem Chor, wohl Nachfolger einer schon 1361 bestehenden Kirche. Beichtstuhl und Taufengel um 1700.

1997

1997

„ Die Nachkriegsgeschichte dieser Kirche ist mir absolut unbekannt, da die Ortschaft mit der Kirche in den 60er Jahren vollständig zerstört wurde. Das Gelände diente viele Jahre als Panzerübungsplatz. Es war sogar schwierig, überhaupt die Stelle zu finden, an der sich einmal das Dorf befunden hat. Durch Befragen der Einwohner umliegender Ortschaften erfuhr ich vor kurzem, daß im Jahre 1958 bei den Aufnahmen von Schlachtszenen für den Film „Ein Menschenschicksal" das gesamte Dorf zerstört wurde. Bauernhäuser und die Kirche wurden zerschossen und gesprengt. „

Kremitten

Лозовое
[Losowoje]

Kreis Wehlau

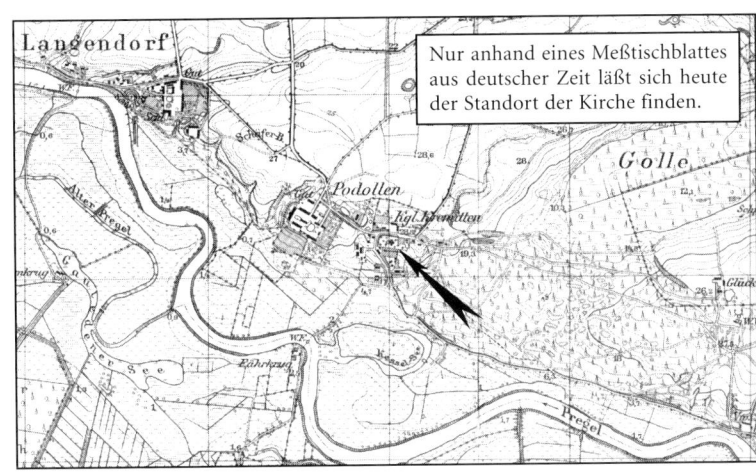

Nur anhand eines Meßtischblattes aus deutscher Zeit läßt sich heute der Standort der Kirche finden.

Um 1360/70 vollendeter Backsteinbau auf Feldsteinfundament mit polygonalem Chor; Gewölbe vom Ende des 14. bzw. Anfang des 15. Jh. Der dreigeschossige Westturm aus dem 15. Jh. erhielt 1833 seinen achteckigen Helm. An den Chorwänden Reste mittelalterlicher Wandmalereien. Der gotische Schnitzaltar vom Anfang des 16. Jh. ist eines der bedeutendsten Kunstwerke Ostpreußens.

„In welchem Zustand sich die Kirche unmittelbar nach dem Krieg befunden hat, ist unbekannt. Aber in den 70er Jahren standen die Mauern noch, die gegen Ende der 70er Jahre bereits nicht mehr erhalten waren. Etwa im Jahr 1980 wurden die Überreste der Kirche vom Militär zur Backsteingewinnung gesprengt. Ein Storchennest, das sich auf dem Turm befand, wurde auf einen Baum versetzt.

1990 waren von der Kirche nur ein Backsteinblock und etwas Bauschutt übrig. Die Siedlung ist praktisch vollkommen zerstört. Von den alten Häusern stehen nur noch zehn bis zwölf."

1996

251

Paterswalde

Большая Поляна
[Bolschaja Poljana]

Kreis Wehlau

Die in der Ordenszeit gegründete, im 16. Jahrhundert wiederhergestellte Kirche wurde 1876 abgebrochen. Am 9. Dezember 1877 wurde das neuromanische Bauwerk eingeweiht. Der Altar mit reichem Schnitzwerk und die beiden Abendmahlsengel stehen der Werkstatt Johann Christoph Döbels nahe.

> „ *1945 wurde die Kirche mit Artillerie beschossen. Dadurch wurde der Turmhelm zerstört und der Turm selbst in Mitleidenschaft gezogen. In der Nachkriegszeit diente die Kirche als Speicher. Das Dach ist mit Asbestzementplatten gedeckt. Alle Fenster sind zugemauert. An der höchsten Stelle des Giebels der Altarseite ist das Kreuz erhalten.*
>
> *1993 wurde die Kirche der Orthodoxen Kirche übergeben und daraufhin etwas renoviert. Jetzt findet in ihr von Zeit zu Zeit Gottesdienst statt.* „

1994

Petersdorf

Куйбышевское
[Kujbyschewskoje]

Kreis Wehlau

Verputzter chorloser Feldsteinbau aus dem letzten Viertel des 14. Jahrhunderts mit schönem Ostgiebel und vorgelegtem Westturm aus dem 15. Jahrhundert. Der Altar ist eine Verarbeitung des spätgotischen Schreins von Alt-Wehlau mit barocken Zutaten und einem Kreuzigungsgemälde. Kanzel, Empore, Tauf- und Jubelengel sind Werke des 17. und 18. Jahrhunderts.

„ *Nach dem Krieg war die Kirche unversehrt, blieb aber ungenutzt und begann allmählich zu verfallen. 1996 standen noch der Turm ohne Helm, Mauerreste und der Ostgiebel.*

Der Friedhof ist nicht erhalten. Die Siedlung ist verwahrlost; viele alte Häuser sind zerstört, ein Teil von ihnen ist verlassen. Es gibt Neubauten. „

1992

Plibischken

Глушково
[Gluschkowo]

Kreis Wehlau

Die Ordenskirche wurde im Siebenjährigen Krieg 1757 durch russische Soldaten abgebrannt. 1773 wurde der Neubau eingeweiht, ein Viereck aus Feldsteinen und Ziegeln mit massivem, oben mit Laterne abschließendem Turm.

> *Nach 1945 war die Kirche unversehrt und wurde als Lagerhalle genutzt. 1950 stürzten - da die Konstruktion verrottet war - das Kreuz und die Kugel ab und durchschlugen das Dach. In der Kugel wurden Münzen und Dokumente gefunden (später gingen die Funde verloren). Auch in der Folgezeit wurde die Kirche nicht repariert und verkam. 1960 wurde ein Teil des Turmes abgerissen, das Dach mit Asbestzementplatten gedeckt und das Gebäude als Klubhaus eingerichtet und fortan genutzt.*
>
> *1989 ist der Kirchturm zu zwei Dritteln abgerissen und mit einem Asbestzementplattendach gedeckt. Zwei gewaltige Stützpfeiler sind erhalten. Die Vorhalle im Norden und die Sakristei im Osten sind unbeschädigt. Die Kirchenfenster sind - außer den beiden ersten - zugemauert. Neben der Kirche steht das Kriegerdenkmal aus einem gewaltigen Findling mit einer eingemeißelten Inschrift und den Jahreszahlen „1914-1918". Die Hauptstraße des Dorfes ist relativ gut erhalten. 1996: Keine Veränderung.*

1993

Starkenberg

Красноборское
[Krasnoborskoje]

Kreis Wehlau

Bau aus Granitfindlingen mit Backsteinecken aus dem 15. Jh., ohne Chor; der vorgelegte Westturm erhielt um 1691 einen hölzernen Oberbau. Der 1699 gestiftete Schnitzaltar wird der Werkstatt Johann Christoph Döbels zugeschrieben.

> " *1945 war die Kirche unversehrt und wurde bis ungefähr 1982 als Lagerhalle genutzt. Nachdem das Lager verlegt worden war, blieb die Kirche ungenutzt. 1985 stürzte das Dach ein.*
>
> *Zustand 1990: Der Turm ist praktisch unbeschädigt, der Eingang befindet sich an der Südseite. Das Kirchenschiff ist ohne Dach, die Vorhalle ist ganz zerstört, die Sakristei zur Hälfte. 1996: Keine Veränderung.*
>
> *Jetzt ist die Kirche verkommen - wie auch das Dorf selbst, in dem 1990 nur noch dreizehn Menschen wohnten. Im Pfarrhaus leben ältere Leute, die bei einer Plünderung auf dem Friedhof drei Grabsteine vor der Zerstörung retten konnten.* "

1994

Tapiau

Гвардейск
[Gwardejsk]

Kreis Wehlau

Chorloser verputzter Backsteinbau vom Anfang des 16. Jahrhunderts, 1668 und 1694 renoviert, um 1767 nach Osten
erweitert, mit vorgelegtem Westturm. Die gewölbte Decke des
Innenraums ist mit biblischen
Motiven bemalt. In der Sakristei
befindet sich das für diesen Ort
geschaffene Altargemälde „Gol-
gatha" von Lovis Corinth (geb.
1858 in Tapiau).

> *In Tapiau fanden keine Kampfhandlungen statt, Stadt und Kirche blieben unversehrt. Die Kirche diente als Lagerhalle und die große nördlich angebaute Sakristei wurde als Geschäft genutzt.*
>
> *1990 sah die Kirche schrecklich aus. Ein Teil der Ziegel war vom Turm gefallen und die Dachkonstruktion ver-rottete. Das Dach von Turm und Schiff hätte kaum noch bis 1991 gehalten. Aber zu dieser Zeit wurde das Gebäude der Orthodoxen Kirche übergeben, die sofort mit der Instandsetzung der alten Kirche begann. 1992 nahm sie ihren Dienst als orthodoxe Kirche auf. 1994 wurden weitere Instandsetzungsarbeiten durchgeführt.*
>
> *Die Stadt ist sehr vernachlässigt. Die ehemalige psychiatrische Klinik und das Altenheim hat sofort nach dem Krieg die Armee für sich in Anspruch genommen. Ein Teil der Häuser war ganz baufällig geworden. Diese sind abgerissen worden. Erstaunlicherweise ist das Haus von Lovis Corinth erhalten geblieben. Der Lovis-Corinth-Platz aber wurde in eine Müllhalde verwandelt.*

1993

Wehlau

Знаменск
[Snamensk]

Kreis Wehlau

Von 1360 bis 1400 errichteter Neubau anstelle einer früheren, mit der Stadt 1347 abgebrannten Kirche. Dreischiffige Hallenkirche aus Backstein mit rechteckigem Chor und in das Schiff eingezogenem Westturm, seit 1820 mit welscher Haube und Laterne. In den ursprünglich flach gedeckten Innenraum wurde im 15. Jh. ein Sterngewölbe eingezogen. Der Altaraufsatz ist in seiner Zwischenstellung zwischen Spätrenaissance und Barock von hohem kunsthistorischen Wert.

> *Während des Zweiten Weltkrieges wurde die Stadt am 22. Januar 1945 praktisch unversehrt von den sowjetischen Truppen eingenommen. Erst danach wurde die Altstadt stark zerstört. Dabei wurde auch die Kirche in Mitleidenschaft gezogen.*
>
> *Nach dem Kriege waren Bögen und Gewölbe noch in Ordnung und die Kirche wurde als Speicher genutzt. In den 60er Jahren versuchte man, sie zu sprengen. Der Sprengsatz wurde an der Nordseite gelegt. Aber die Sprengung war „erfolglos" - die Kirche hielt stand. Nur die Gewölbe stürzten ein. In dieser Zeit wurde auch ein überschwemmter unterirdischer Gang entdeckt.*
>
> *Zustand 1990: Der Turm und die Mauern des Hauptgebäudes stehen noch. Die nördliche Vorhalle, die Sakristei und der Turmhelm sind zerstört. Im Inneren sind die Säulen erhalten, die die Kirche in drei Schiffe teilen.*
>
> *Von 1994 bis 1996 wurden Erhaltungsarbeiten durchgeführt, finanziert durch die Kreisgemeinschaft der früheren Bewohner des Kreises Wehlau. Die Mauern des Gebäudes wurden konserviert und der Turm wurde mit einem Helm versehen, in den man eine Aussichtsplattform integrierte. In den Turm baute man eine metallene Wendeltreppe ein. Es ist geplant, im Kirchenschiff ein Kreuz zu errichten, das an die Toten erinnern soll.*
>
> *Südwestlich der Kirche sind Fundamente der alten Stadtmauer zu erkennen. Im Süden, jenseits der Eisenbahn, ist die Stadt besser erhalten.*

1994

1996

Bildnachweis

Atlantyda Pólnocy. Dawne Prusy Wschodnie w fotografii. Die Atlantis des Nordens. Das ehemalige Ostpreußen in der Fotografie / Kazimierz Brakoniecki [Mitarb.]. - wyd. 1. Olsztyn 1993: S. 53, 124 rechts oben, 127, 140 links oben

Archiv Bachtin: S. 36, 43 rechts oben, 70, 71, 106 rechts oben, 107 Mitte, 110 oben, 123 links oben, 124 links oben, 125 links oben, 128 Mitte, 132 Mitte, 135 Mitte, 136 Mitte, 137 Mitte, 138 Mitte, 140 rechts oben, 144 Mitte, 145 Mitte, 149 Mitte, 159 links oben, 160, 164 Mitte, 174 Mitte, 212 Mitte, 229 Mitte, 231 Mitte

Archiv der Gemeinschaft Evangelischer Ostpreußen e.V.: S. 73, 75, 167, 174 oben

Bildarchiv der Heimatkreisgemeinschaft Landkreis Königsberg (Pr.): S. 155, 157, 162, 168, 170

Bildarchiv der Kreisgemeinschaft Angerapp/ Darkehmen: S. 44, 46, 47, 48, 49, 50

Bildarchiv der Kreisgemeinschaft Bartenstein: S. 37, 39, 42

Bildarchiv der Kreisgemeinschaft Ebenrode: S. 217, 218, 220, 221, 222, 224, 225, 227, 228

Bildarchiv der Kreisgemeinschaft Elchniederung: S. 184, 185, 186, 189, 190, 192, 194 oben

Bildarchiv der Kreisgemeinschaften Insterburg Stadt und Land: S. 106 links oben, 109, 110 Mitte, 111, 112, 116, 117, 120

Bildarchiv der Kreisgemeinschaft Fischhausen: S. 52, 54, 60, 62, 63, 64, 65

Bildarchiv der Kreisgemeinschaft Gerdauen: S. 76, 78, 79, 80

Bildarchiv der Kreisgemeinschaft Heiligenbeil: S. 96 oben und Mitte, 97, 98, 101, 102, 104, 105

Bildarchiv der Kreisgemeinschaft Labiau: S. 172, 176, 178

Bildarchiv der Kreisgemeinschaft Preußisch Eylau: S. 205, 206, 209, 210, 212 oben, 213, 214

Bildarchiv der Kreisgemeinschaft Schloßberg/Ostpr.: S. 197, 198, 200, 201, 203, 204

Bildarchiv der Stadtgemeinschaft Tilsit: S. 229 oben, 230 oben links, Mitte und rechts, 231 oben, 232, 233

Bildarchiv der Kreisgemeinschaft Tilsit-Ragnit: S. 239, 243, 244

Bildarchiv der Kreisgemeinschaft Wehlau: S. 247, 257

Bildarchiv des Museums Stadt Königsberg, Duisburg: S. 123 rechts oben, 126, 129, 130, 132 oben, 134, 135, 136 oben, 137 oben, 138 oben, 142, 143, 147, 148, 149 oben, 159 rechts oben, 164 oben

Bilder aus dem Kreis Wehlau. Hrsg. von der Kreisgemeinschaft Wehlau e.V. in der Landsmannschaft Ostpreußen. Bearb. von Werner Lippke und Rudolf Meitsch. Leer 1989: S. 249, 250, 251 oben, 252, 253, 254

Bilder aus dem religiösen und kirchlichen Leben Ostpreußens. Festschrift zum Deutschen evangelischen Kirchentag in Königsberg/Pr. vom 17. bis 21. Juni 1927. Hrsg. von Carl Flothow. Königsberg (Pr.) 1927: S. 171

Bilder aus Ostpreußen. Bd. 3. Regierungsbezirk Königsberg. Berlin 1934: S. 163

Brix, Fritz: Tilsit-Ragnit Stadt und Landkreis. Ein ostpreußisches Heimatbuch. Würzburg 1971: S. 234

Dethlefsen, Richard: Das schöne Ostpreußen. München 1916: S. 182

Dignath, Walter / Ziesmann, Herbert: Die Kirchen des Samlandes. Eine Dokumentation. Leer 1987: S. 57, 59, 68, 131, 152, 154, 158, 166

Evangelisches Religionsbuch für die Volks-Schulen Ostpreußens / Turowski [Bearb.]. 2., neubearbeitete Auflage Berlin 1931: S. 211 oben

Evangelisches Zentralarchiv, Berlin: S. 43 rechts Mitte, 100

Freimann, Willi: Königsberg/Pr. und seine Vororte. Eine Bilddokumentation. Rendsburg 1988: S. 139, 145 oben, 146

Frick, Kurt: Die Kirche in Ratshof bei Königsberg. In: Zentralblatt der Bauverwaltung, vereinigt mit Zeitschrift für Bauwesen, 58 Jg. (1938), Heft 47, S. 1259: S. 141

Grenz, Rudolf: Die Geschichte des Kreises Stallupönen/Ebenrode in Ostpreußen. Dokumentation eines ostpreußischen Grenzkreises. 2. Auflage Marburg/Lahn 1981: S. 223

Der Grenzkreis Schloßberg/Pillkallen im Bild. Hrsg. von Georg Schiller. Leer 1984: S. 196, 202

Heimatbuch Kreis Wehlau. Alle-Pregel-Deime-Gebiet. Hrsg. von der Kreisgemeinschaft Wehlau. 2., überarb. Neuaufl. Leer 1988: S. 256

Hubatsch, Walther: Geschichte der evangelischen Kirche Ostpreussens. Bd. 2. Bilder ostpreußischer Kirchen. Bearbeitet von Iselin Gundermann. Göttingen 1968: S. 35, 41, 51, 55, 56, 58, 61, 66, 67, 69, 72, 74, 81, 82, 83 oben, 85, 99, 108, 114, 121, 128 oben, 133, 150 oben und Mitte, 151, 153, 156, 165, 169, 173, 175, 179, 180, 181, 183, 187, 188, 191, 193, 195, 199, 207, 208, 215, 216, 235, 236, 237, 238, 240, 241, 242, 245, 246, 248, 251 Mitte und unten, 255

Kreisarchiv Gumbinnen im Stadtarchiv Bielefeld, Bielefeld: S. 84, 86, 87, 88, 89, 90, 91 oben und zweites Bild von oben, 92, 93, 94, 95

Kreis Ebenrode (Stallupönen) in Bildern. Zusammengestellt und mit Texten versehen von Paul Heinacher. Leer 1990: S. 219, 226

Kreis Elchniederung . Ein ostpreußisches Heimatbuch. Bd. 1. Hrsg. von Paul Lemke. Hannover 1966: S. 194 Mitte

Kreis Gerdauen. Unvergessen. Zusammengestellt und bearbeitet von Marianne Hansen. Rendsburg 1994: S. 77

Landsmannschaft Ostpreußen, Hamburg: S. 107 oben, 144 oben, 177

Pillokat, Siegfried, Herrieden: S. 115

Schmidt, Franz, Bargteheide: S. 122

Speckmann, Fritz, Herne: S. 119

Stadt und Kreis Darkehmen/Angerapp. Rund um den Potrimposberg. Ein Bild- und Dokumentationsband. Hrsg. von der Kreisgemeinschaft Angerapp. Leer 1984: S. 45

Steppuhn, Hans-Hermann: Heimat-Kreisbuch Bartenstein. Geschichte und Dokumentation des Kreises Bartenstein/Ostpreußen. München 1983: S. 34, 38, 40

Warschat, Alfred, Köln: S. 113, 118

Wenau, Lutz, Lilienthal: S. 83 Mitte

Wünsch, Carl: Ostpreussen. München 1960: S. 33, 125 rechts oben, 161, 211 Mitte

Literaturverzeichnis

Die historischen Angaben zu den *evangelischen Kirchen* im nördlichen Ostpreußen entnahmen wir im wesentlichen den ersten beiden der im folgenden genannten Werke:

Hubatsch, Walther: Geschichte der evangelischen Kirche Ostpreussens, Bd. 1-3, Göttingen 1968, insbesondere Bd. 2: Bilder ostpreußischer Kirchen, bearbeitet von Iselin Gundermann

Deutschordensland Preußen. Bearbeitet von Ernst Gall. München 1952 (Dehio-Handbuch der Kunstdenkmäler)

Boetticher, Adolf: Die Bau- und Kunstdenkmäler der Provinz Ostpreussen. 1. Samland, 2. Natangen, 5. Litauen, 7. Königsberg, 8. Kulturgeschichte Ostpreußens, Nachträge. Königsberg 1891-1898

West- und Ostpreußen. Die ehemaligen Provinzen West- und Ostpreußen (Deutschordensland Preußen) mit Bütower und Lauenburger Land. Bearbeitet von Michael Antoni. München 1993 (Dehio-Handbuch der Kunstdenkmäler)

Die historischen Angaben zu den *katholischen Kirchen* stammen aus der Literatur über die verschiedenen ostpreußischen Kreise und Städte. Für wertvolle Auskünfte danken wir Frau Dorothea Triller vom Ermlandhaus in Münster.

Bei der Erarbeitung von Ausstellung und Buch wurden grundsätzlich alle Kreisbücher und -dokumentationen zu folgenden früheren ostpreußischen Kreisen und den darin gelegenen Orten herangezogen: Bartenstein, Darkehmen (Angerapp), Fischhausen, Gerdauen, Goldap, Gumbinnen, Heiligenbeil, Insterburg, Königsberg, Labiau, Niederung (Elchniederung), Pillkallen (Schloßberg), Preußisch Eylau, Stallupönen (Ebenrode), Tilsit-Ragnit und Wehlau. Die Titel können aus Platzgründen hier leider nicht im einzelnen aufgeführt werden. Außer dieser sehr umfangreichen Regionalliteratur und den im Bildnachweis genannten Büchern wurden verwandt:

Aufstand der Opfer. Verratene Völker zwischen Hitler und Stalin. Hrsg. von Johannes Vollmer und Tilman Zülch. Göttingen 1989

Die evangelische Pfarrkirche zu Bladiau in Ostpreußen. Mit einem Anhang über die Kirche zu Waltersdorf / Iselin Gundermann [Mitarb.]. Frankfurt am Main 1969

Geschichte der Bekennenden Kirche in Ostpreußen 1933-1945: Allein das Wort hat's getan. Unter Mitwirkung von Hermann Dembrowski, Franz Reinhold Hildebrandt (u.a.). Hrsg. von Manfred Koschorke. Göttingen 1976

Gundermann, Iselin: Evangelische Kirche in Ostpreußen. Eigenart in ihrer Entwicklung, in: Ostdeutsche Geschichts- und Kulturlandschaften. Teil II: Ost- und Westpreußen. Herausgegeben von Hans Rothe. Köln 1987, S. 119-144

Lehndorff, Hans Graf von: Die Insterburger Jahre. Mein Weg zur Bekennenden Kirche. München 1969

Leitner, Otto: Lob an allem Ort. Ostpreußens Beitrag zum Kirchenlied. München 1953

Linck, Hugo: Im Feuer geprüft. Berichte aus dem Leben der Restgemeinden nach der Kapitulation in und um Königsberg. 5. Auflage. Leer 1973

Linck, Hugo: Der Kirchenkampf in Ostpreußen. Geschichte und Dokumentation. München 1968

Linck, Hugo: Königsberg 1945-1948. 5. Auflage Leer 1987

Lölhöffel, Hedwig von: Tharau liegt woanders. Düsseldorf 1987

Lorck, Carl von: Dome, Kirchen und Klöster in Ost- und Westpreußen. Frankfurt/Main 1963

Luther und die Reformation im Herzogtum Preußen. Bearbeitet von Walther Hubatsch. Hrsg. vom Geheimen Staatsarchiv Preußischer Kulturbesitz. Berlin 1983

Martin Luther und die Reformation in Ostpreußen. Gedenkschrift zum 450. Todestag Martin Luthers. Herausgegeben von Georg Michels. Drethem (Gemeinschaft evangelischer Ostpreußen) 1996

Ostpreußens Kriegsopfer auf dem Gebiete der Evangelischen Kirche. Aufgenommen und zusammengestellt von Ernst Schienagel. Königsberg 1916

Ost- und Westpreußen. Herausgegeben von Erich Weise. Unveränd. Neudruck der 1. Auflage 1966, Stuttgart 1981 (Handbuch der historischen Stätten)

Ein schicklicher Platz ? Königsberg/Kaliningrad in der Sicht von Bewohnern und Nachbarn. Herausgegeben von Friedemann Kluge. Osnabrück 1994

Ulbrich, Anton: Kunstgeschichte Ostpreußens. Unveränderter Nachdruck der Ausgabe München 1932, Frankfurt am Main 1976

Uns ward aber dennoch geholfen. Predigten und Andachten ostpreußischer Pfarrer. Gesammelt und bearbeitet von Hans Hermann Engel und Werner Marienfeld. Lüneburg (Gemeinschaft evangelischer Ostpreußen) 1984

Wiesenhütter, Alfred: Protestantischer Kirchenbau des deutschen Ostens in Geschichte und Gegenwart (Kunstdenkmäler des Protestantismus). Leipzig 1936

Wörster, Peter: Königsberg (Kaliningrad) nach 1945. Fragen der Denkmalspflege und der Gestaltung des historischen Stadtbildes. Marburg 1994 (Dokumentation Ostmitteleuropa Heft 6/1994)

Wünsch, Carl: Ostpreussen. München 1960

Karten

Haffstrom: Ponarth. 1 : 25 000, Nachdruck der Ausgabe 1939. - Berlin: Institut für Angewandte Geodäsie [ca. 1990]. (Topographische Karte 1388)

Kaliningrad i Gurjevsk. 1 : 10 000. - Riga: Glavnoe upravlenie geodezii i kartografii pri sovete ministrov SSSR, 1989 [verkleinert auf 1: 25 000]

Kremitten: Gr. Lindenau. 1 : 25 000, Nachdruck der Ausgabe 1938. - Berlin: Institut für Angewandte Geodäsie [ca. 1990]. (Topographische Karte 1391)

Thierenberg: Germau. 1 : 25 000, Nachdruck der Ausgabe 1937. - Berlin: Institut für Angewandte Geodäsie [ca. 1990]. (Topographische Karte 1186)

Ortsregister

Königsberg
Калининград
[Kaliningrad]

Kartengrundlage:
Wegweiser durch Königsberg, Pr., 1931
(unveränderter Nachdruck durch
Verlag Gerhard Rautenberg, Leer 1990).